小学美术学科育人价值的思考与实践

向美而生

王红燕 著

上海社会科学院出版社
SHANGHAI ACADEMY OF SOCIAL SCIENCES PRESS

图书在版编目（CIP）数据

向美而生：小学美术学科育人价值的思考与实践 / 王红燕著. -- 上海：上海社会科学院出版社，2025.
ISBN 978-7-5520-4717-2

Ⅰ. G623.702

中国国家版本馆 CIP 数据核字第 2025NH3251 号

向美而生——小学美术学科育人价值的思考与实践

著　　者：王红燕
责任编辑：路　晓
封面设计：徐　蓉
出版发行：上海社会科学院出版社
　　　　　上海顺昌路 622 号　邮编 200025
　　　　　电话总机 021-63315947　销售热线 021-53063735
　　　　　https://cbs.sass.org.cn　E-mail:sassp@sassp.cn
照　　排：上海碧悦制版有限公司
印　　刷：上海光扬印务有限公司
开　　本：787 毫米×1092 毫米　1/16
印　　张：13
字　　数：253 千
版　　次：2025 年 6 月第 1 版　2025 年 6 月第 1 次印刷

ISBN 978-7-5520-4717-2/G·1411　　　　　　　　定价：65.00 元

版权所有　翻印必究

自　序

2013年春天的一个傍晚,淮安市实验小学长征校区综合楼的一间闲置教室里,灯火通明,从书法教室搬来的课桌旁围坐着二十几个十来岁的孩子。他们全神贯注地注视着黑板,仔细聆听着老师的讲解。这平常又珍贵的一幕,开启了"幸福涂图"美术社团十多年来的创新之旅。

社团的成立缘起于我长期以来对美育价值以及教育改革的思考。《义务教育美术课程标准(2011年版)》明确提出通过各种美术媒材、技巧和制作过程的探索及实验,发展学生艺术感知能力和造型表现能力,突出综合探究性特点;通过多种形式的美术活动,让学生感受到客观世界的生动和精彩;或是获得情感的宣泄与表现;或是满足学生好奇心以及模仿和游戏的本能;或是寄寓某种精神期许……学生由此获得生命体验与审美满足,在此基础上呵护学生的生命发展。走出以单一技能训练为主的美术教育误区,从根本上转变为以学生全面发展为中心的教育模式;只有完整、全面发展的生命个体,才有可能满足社会发展的需要,美育的核心价值才能得以体现。

2011年9月,我从实小教育集团本部来到城乡接合部的长征校区任教,这里的很多学生美术基础相对薄弱,怎样突破平面美术作业的局限,唤起学生学习美术的热情,培养他们丰富多元的美术表现能力,实现美术教育的育人价值?我不断地思考、实践着。传统意义上二维平面的图画虽然可以获得咫尺千里的立体效果,但无法替代学生在三维立体空间学习的真实体验、学生立体空间意识和素养培养;也无法实现日新月异的时代背景下美术课程中精神高度、文化内涵、艺术价值等方面的素养追求。

除了在课堂上不断尝试新材料、新方法,每年"六一"备展更是成为美术教学实验田。我带领组内几位热情的同事和一群同样热爱美术的孩子,挤出课间及午休时间,见缝插针地在美术办公室做扎染、画沙瓶,并结合课堂作业,于2012年6月举办了"玩美空间"主题创意美术作品展。第二年,狭小的办公室越来越满足不了我们对制作空间的需求,需要有个合适的地方,把学生课间零碎时间集中起来。当时长征校区的音乐组费老师组建了合唱团,利用固定的课余时间指导学生。受此启发,我向领导申请组建美术社团,以便进行美术教改的深度探索,期待去发掘更多学生喜闻乐见、丰富学生视觉语言的活动,创作出更富有童趣和创意的作品。这一申请得到校领导的批准。

2013年2月,在校领导的关心和支持下,美术社团正式开始了第一次活动,也就是本文的开头一幕。学生们在教师指导下弯折铅丝做骨架，裁剪花布缝身体，创作出大型布艺蝴蝶；在长卷牛皮纸上画巨型人物，背景上粘贴羽毛球、纸飞机做半立体装饰，丰富作品层次的同时，媒材的综合利用让画面平添几分意趣。2013 年美术社团主创、策划的"六一玩美视觉"展览首次完美亮相。

2014 年"六一"布展前，我们决定给美术社团起个正式的名字，苦思冥想之际，当时的教务处凌星华主任一锤定音——"幸福涂图"，获得大家激赏。此后，"幸福涂图"社团每年"六一"的创意展出，都以强烈的视觉冲击力和丰富的教育元素在学校掀起一波波观展热潮，有趣的美术作品吸引着孩子们的目光，更吸引了他们的心，美术社团成为孩子们向往的艺术创意乐园。

社团人数毕竟是有限的，我心中的美育，绝不只局限在社团。借由社团的探索，随着时间的推移、经验的累积以及研究范围和领域的不断拓展，如今艺术育人、创意表达的美育理念已经辐射到学校的每一节美术课堂，惠及校园里的每一个学生。

在社团开疆扩土、课堂普及并进的双线交融式美育探索十周年之际，也是《义务教育艺术课程标准（2022 年版）》（以下简称"新课标"）颁布的第二个年头，新课标在肯定原课程标准价值基础上，又针对新时期新变化，提出了美术教育"为谁培养人、培养怎样的人、怎样培养人"的重要命题，定义了艺术课程核心素养，明确了要在真实情境中培养学生解决实际问题的能力。新课标的落实无疑要依托素养导向的多元活动项目，用新课标深度学习的理念重新审视十多年的美育足迹，更坚定了我对美术教育实践探索的信心。借此，我梳理了自己对美术教育的理论思考与实践探究，以此留下十余年美育探究的鸿爪雪泥，为今后深化美育实践夯牢基石，为落实新课标理念提供切实的生长点。有幸能在学校的鼓励支持下结集成书，本书共分五个章节：第一章阐述了我的美育理念萌芽于何处；第二章论述了我在美术课堂教学中的探究与思考；第三章以美术社团为例分享美育对学生的综合影响。周红叶协助完成本章文稿撰写、文献梳理及图片整理工作。周红叶、贾建枚、李晓慧、刘静、刘慧、陈朋、罗玉荣、王天翼、何庆艳、周璇、张妍、严素雅、倪卉、朱也白、朱丹、嵇静妍（按时间先后排序），为本书提供案例支持。诸位同仁的专业贡献为本书奠定了核心研究基础，谨此致以诚挚谢意。本书内容均由本人最终审定，文责自负。第四章记录日常教学中我与学生的相处点滴；第五章收录了近年来我的部分读书笔记、教学设计以及教科研论文。

"问我何所有，山中惟白云。只可自怡悦，不堪持赠君。"

虽然锐意创新、耕耘美育多年，偶有所得实为管见，不足之处恳请方家批评指正。

目 录

自序 1

第一章　我的美育理念萌芽于何处

自由的童年 3

律己的父亲 6

宽厚的老师 8

第二章　如何让美术课堂更有趣

美术课堂的新变化 19

"揭发"出来的精彩 23

定格动画的魔力 27

水墨画也好玩 30

"图画文字",汉字当家 35

让彩塑立起来 38

我是一只小小鸟 43

第三章　美术教育还能带给学生什么

玩美空间

　　——给学生一片天地 49

玩美视觉

　　——展学生一份创意 54

玩美童年

　　——还学生一派童真 57

科技之梦
　　——让学生眼里有光 ································· 62

生活之美
　　——由学生扮靓校园 ································· 65

世界你好
　　——伴学生放飞童心 ································· 70

玩美民间
　　——传学生民间智慧 ································· 75

巧用绘本
　　——给学生更多视角 ································· 80

凡人英雄
　　——与学生分享感动 ································· 84

我和我的家乡
　　——愿学生乡梓情长 ································· 86

艺起玩
　　——助学生自我绽放 ································· 91

最美中国色
　　——树学生艺术自信 ································· 96

华夏纹样
　　——引学生领略经典 ································· 99

公益现场
　　——邀学生点亮微光 ································· 103

童年的桃花源（庄言）································· 105

第四章　怎样走进学生的内心世界

一本特殊的"影集"
　　——我想记住你的模样 ································· 109

一份特别的名单 ·· 111

一张珍贵的纸条 ·· 114

一幅"走题"的画作 ·· 116

一首心仪的歌曲 ·· 118

听歌趣事:激情八班 ·· 121

第五章 书写:过一种完整的教育生活

读书·思考·输入——读书篇

教育是什么?
　　——《让教育回归人性》读书心得 ································· 127

改变课堂,学校就会改变
　　——《静悄悄的革命》读后感 ·· 129

"出世"与"入世"
　　——《佛教常识答问》读后感 ·· 130

种子·农民·生长
　　——《如何培养孩子的自主学习力》内容札记 ················· 132

红尘安身处
　　——《幸福的方法》读后记 ··· 136

品读故事,揭秘心理
　　——《当代教育中的心理效应》读后感 ··························· 142

读《乡土中国》,寻精神原乡
　　——《乡土中国》读后感 ·· 144

与曾国藩"照了个面"
　　——读《曾国藩的正面和侧面》有感 ······························ 146

实践·行动·输出——教学设计篇

中国民间玩具 ·· 148

游艺运河 ·· 154

3

实践·行动·输出——教学论文篇

多元活动:小学美术社团成长的"序参量"
　　——以"幸福涂图"为例(王红燕　周红叶) ················ 160

儿童美术表现能力的培养探究 ································ 167

发现孩子心底的艺术家
　　——基于社团建设的美术创意活动开发探究 ·············· 174

美术课堂的幸福密码 ·· 181

"何以载乡愁"
　　——以地方建筑涵育儿童家园记忆的实践探究(王红燕　贾建枚) ······ 185

立体地图:小学美术项目化学习的创新思路 ····················· 190

后记 ··· 199

第一章

我的美育理念萌芽于何处

自由的童年

童年是一首歌,童年是一幅画,童年是回望人生路时的起始小站,也是所有梦想起飞和歇脚的秘密花园。每个人的人生轨迹都与童年经历密不可分,心理学家弗洛伊德正是通过研究童年境遇而创立经典的精神分析理论。"幸福的人用童年治愈一生,不幸的人用一生治愈童年。"从心理学角度分析不无道理。

我有一个伴有乡土气息的童年。

1969父母双双调到淮阴县闸西小学任教,一辆平板车将全家及行李运到学校,所谓学校其实是当年大队开会用的土坯房。土坯房隔成三间,右边是卧室,中间是办公室,左边是教室,厨房则是在东边屋山头搭的一个简易小草棚。

两三岁时,记得有次房间横梁上窜出一条蛇,因为墙体上方是连通的,那条蛇顺着横梁从教室一直窜到卧室,父亲举着扁担追打无果,不知这个灵物藏身去了何处,可见当时生态的原始程度;因为室内局促,我们一家经常在室外吃饭,不时有乞丐在我们小饭桌边逗留,母亲总会将他们的碗盛满,他们也不多话,随手折下两根树枝当筷子,站在不远处安静地吃完。

闸西小学的生活是清贫的,也是快乐的。

最开心的要数夏天的夜晚。月光下,父亲拎着手电筒,带着我们姐妹掏屋檐下的麻雀。以前的屋檐都不高,父亲只需踮起脚尖,伸手就可以够着,抓来的麻雀扣在一只大红塑料桶下,此刻似乎还听得见它们扑棱的声音。那个年代,人们的生活普遍艰难,由于对科学的认识不足,以为麻雀经常在地头啄食农作物,造成粮食减产,因此将其列为四害之一,是人人喊打的对象。当时父母微薄的工资勉强能够糊口,想必父亲捕麻雀既是响应国家号召,也是希望偶尔为家庭改善一下伙食。我完全不记得麻雀到底是什么滋味,但父女几个结伴夜行捉麻雀,在我看来堪比探险的经历,成为我对这片平凡乡野的难忘回忆。

几年后,父母调动到不远处的另一所小学——许渡小学。

相比闸西小学,许渡小学多了围墙,是我眼里的大学校,多年后才知道这是一所"戴帽子"学校,也就是兼具小学和初中的学校。那时的农村学校还没有幼儿园,学校的一大块平整的泥土地操场就是我玩耍的乐园。跳跃、奔跑、翻跟头,发明各种挑战身体极限的游戏,常常一个人玩得乐此不疲。

在许渡小学停留时间不长,一年后父母因工作需要调动到淮闸小学,我们依然住在校园。

那时，学校组织学生们排练节目，到各个公社巡回演出。淮闸小学的音乐老师是位下放知青，她弹着风琴指导一名学生唱歌，那名学生不知为什么总是唱不好，还未上学的我在边上看热闹，老师就让我试试，一试挺满意，立即把我这个小萝卜头编入学生演员队伍。跟着大哥哥大姐姐们步行到几公里之外的田间地头进行表演，这算是我人生第一次当众表演了。

另一件印象深刻的事，是担任校长的父亲用喇叭通知全校师生集合，当整齐的队伍站立在操场时，喇叭里传出父亲沉痛的声音，随后电台广播响起来，随着播音员的声音，操场上响起了老师们的抽泣声，接着是全校师生的默哀与哭泣。当时母亲因为太难过，跑回了房间趴在棉被上痛哭，幼小的我紧张地站在她身后，不明白发生了什么。

那一天，毛主席去世，举国同哀。留给父辈们精神上巨大的空洞与迷茫无助。

多年后，我"采访"年近八旬的父亲："你年轻时工作那么出力，有没有时间看书，喜不喜欢看书？"戴着助听器的老爸好不容易听懂我的提问，想了想笑眯眯地回答我："书看得少，毛泽东选集那时来劲读过，学雷锋……"

父亲因为工作出色，几年后又被调到杨庄老街小学担任校长。这时家里已有四个孩子，母亲还留在淮闸小学工作，为了减轻母亲负担，父亲便把我带到杨庄老街小学上一年级，母亲在家边工作边照顾其他三姐妹。两所学校相隔约有十里路，每周一早上父亲用自行车载着我前往学校，乡间小路总有迎面走来的乡亲大声跟父亲打招呼："王大先生早！"父亲也满腔热情地回应着。

夏天的晚上，父亲与住校的几位年轻教师常在教室里演奏乐器自娱自乐，手风琴、口琴伴着年轻人的歌唱。肩负开创学校新貌的重担，生活清贫，条件简陋，却永远积极乐观，父辈们演绎着那一代教育工作者特有的激情与梦想。

春天的周末，一大早天还没完全亮，父母用自行车载着我们姐妹进城逛动物园、城南公园。路边小吃店的豆浆油条、动物园门前的狭窄通道、会说话的神奇鹦鹉和城南公园附近小饭店的午饭，伴随着父母年轻的模样留在我的记忆中。

秋日，生产队的庄稼收割后，有一个"放门"环节：将刚收完的稻田、山芋田放开给老百姓"捡漏"，既是对颗粒粮食的珍惜，也是长期自然形成的送给附近农民的一份集体"福利"。"放门"那天，偌大的田埂边早早就站满了等候的大人孩子，一声"放门"后，大家便从四面八方一拥而入，我和小伙伴们也混入其中，感受着捡起一束稻穗、锄到一枚山芋的惊喜。

冬天的傍晚，家住学校附近的高年级大姐姐们带我回家，教我用红蜡烛做蜡梅。她们先将红蜡烛加热融化在小瓷碗里，再用鸡蛋壳一端蘸水再蘸上一点红蜡油，趁热迅速粘在捡来的树枝上，一朵碗形的粉色花朵就完成了，不一会，三两一组、圆润精巧的"蜡"

梅就绽满枝头。

当地纺织厂职工大院放电影,父母总会用自行车载着我们,踏着星光骑很远的路去赶场,《流浪者之歌》《苦菜花》的放映场里,洒下过幼年的我被电影感动的泪水。每逢国庆节,父亲会带我们进城看满街灯火,所谓灯火不过是各单位门口悬挂的不同于平日的红灯笼。宁静黑夜里那些红红的灯盏带给我的喜悦与感动,竟然远胜过日后人声鼎沸下声光电俱全的花灯。仔细想来,那是因为父母在平凡生活中对点滴美好的发现与珍惜,蕴含着清贫岁月里家人相濡以沫的深情。

为了丰富我们的课余生活,父母还省吃俭用为我们姐妹订了《少年文艺》《儿童文学》,喜欢看书的习惯从此伴随我一生。三四年级,从同学家里借阅的《隋唐演义》《封神榜》《水浒传》也被我在冬夜的灯光下囫囵吞枣地读完。

所以,虽然一直在乡下长大,回想起来,我的精神生活并不匮乏。

那些有日月、田野相伴的日子自由而不乏乐趣,有探险、有怜悯、有农耕、有书香、有温情、有信仰,甚至还有艺术和浪漫。

律己的父亲

小时候有一段时期，父亲单独将我带在身边前往新学校任教，那时的我终日与父亲做伴，热爱教育事业的父亲潜移默化地影响了我一生。

近两年，父亲愈老，我觉得要向他学习的地方愈多。

父亲幼年生活清苦。他十岁左右就成了孤儿，带着弟弟和祖母一起生活，祖孙三人相依为命，父亲小小年纪已经担起生活重担，艰辛的生活没有把他压垮，反而在他身上化为积极向上的动力，并形成终身自我奋斗的精神特质。考上师范后，由于刻苦学习，父亲成为班中成绩优异的班干部，毕业时响应号召，主动要求分配到最艰苦的地方，于是有了几年在连云港海边燕尾港小学的教学生涯。由于他从小养成异常能吃苦的精神，每一件工作总努力做到极致，很快成长为燕尾港年轻教师中的佼佼者。

父亲是个勤勉有开拓精神的校长。

年轻的父亲从燕尾港回来就一直担任小学校长，每走过一所学校，就带活一所学校，创造了多次将落后小学改造成当地优质学校的奇迹。十年浩劫，百废待兴，很多学校底子薄、管理差，每接手脏乱差的学校，父亲总是竭尽全力亲自动手修整校园、修补门窗。

父亲从杨庄老街小学调到西坝小学，我已经上五年级，印象中他总是整天在校园里，出现在每个需要的地方。清晨偌大的校园，他总是早早地四处察看：校园环境是否整洁，门窗桌椅是否齐备，地面是否有杂物纸屑。在父亲写的回忆录里，记载着有一年为了争取到修缮教室的经费，他多次带着会计和后勤主任前往教育局，都因财政困难无功而返。有一次三个人又骑自行车赶往教育局，途中突遇大雨，淋成落汤鸡的父亲一行三人出现在领导面前时，分管领导终于被他们的诚心感动了。父亲用得来不易的经费一步步将无门无窗、学生无心向学的学校，变身为全县教育系统观摩的花园式小学，小升初再次打破学生考淮阴县中为零的纪录。

父亲是一名严格克己的教师。

父亲的数学课堂富有激情、逻辑严谨、条理清晰。父亲上课不允许学生开小差，谁走了神，就会冷不丁被飞来的粉笔头拉回思绪，很多学生成年后都记得当年父亲那精准飞来的粉笔头。

有一次，我因为错题被父亲叫到办公室训话，见他用抽屉抵住自己的胃部，脸上露出痛苦的神情，才知道父亲有胃疼的毛病，疼得厉害就用抽屉抵住身体缓解一下。身体不适的父亲不忘严肃地教训我："要记住错在什么地方，以后不能再犯，不要爪子一落地就忘了。"少不更事的我点点头，父亲对疼痛的忍耐和知错要改的教训一同被烙入心中。

父亲是位理想信念的执行者。

工作中的父亲忘我地追寻教育理想,积劳成疾,以致1988年暑假身患重病,赴上海治疗,万幸治疗取得良好效果。但病痛和治疗过程的折磨让父亲瘦得脱了形,大病初愈的父亲仍不改初衷,在王营镇文教部门管理岗位任职期间,一头扎入带动全镇小学发展、指导青年教师的工作中,拖着羸弱的身躯继续奉献自己的光和热。

退休后的父亲,重拾养花种菜的乐趣,他养的菊花每年开得又大又多,他用数学老师的思维习惯,用尺量花的直径,看看每年有多大进步。

八十岁以前,父亲每天弹风琴唱歌,晚年生活非常满足幸福。

近年来,年岁渐长,父亲的身体大不如以前,因为健康原因导致力不从心,身体活动受到很大限制。但是,父亲的坚强意志,仍贯彻在他的生活中:他每天做自己设计的各种按摩操,寒来暑往,严格执行,从不间断。

父亲是个知恩图报的性情中人。

父亲身体还好的时候,每年春节都要为我们组织一场家庭联欢兼运动会,让我们汇报一年的工作学习成绩,并逐一发放奖金以示鼓励。最后他弹风琴全家合唱,联欢会总是在"党啊,亲爱的妈妈"的旋律声中结束,这首歌在我们家的地位堪比央视春晚的《难忘今宵》。从一个孤儿到有机会读师范、做教师,实现自己的人生价值,他将这一切都归功于共产党的领导,他用勤勉的工作、做人的真诚、热情的歌声,竭尽所能地回报。

几年前,父亲弹不动风琴,听力也严重下降,戴上助听器只能勉强听到一点声音。每年的集体合唱改为让我们抄写他撰写的种种关于家庭和睦、积极上进的勉励话语。

这两年,从疫情中被家人竭力抢救回来的父亲,肺炎愈发严重,正经历着人到老年的种种困境,成为像幼儿一样、需要被照顾被呵护的虚弱长者。清醒时,他仍会用自己的方式表达对子女的关心、对母亲的挚爱。

父亲"很"草根,他的眼界和发展空间也如一株小草,很有限很微小。然而,他努力让草根展现出生命的坚韧。

朴实的父亲用他的一生教育我们:勤勉、克己、知足、感恩。

宽厚的老师

自从上了初中，绘画就成了我读书之外的第二个爱好。三十多年过去了，除了在师范院校时接受了正规系统的教育，在学习艺术的道路上还有几位老师给了我深刻的感召和影响。

朴素和蔼的长者程祖光老师

程老师是我读淮阴县中时的美术老师，也是我的绘画启蒙老师。

身材高大的程老师教我们时，已两鬓斑白，行动也不那么敏捷了。他在美术课堂上给我们示范人物脸部的三庭五眼，画在黑板上的人物头像标准得堪比印刷品，让我们不由得暗暗赞叹。那些学校墙报上美观大方的各种字体，都是程老师伫立在墙前一笔一画写成。

初一美术课上，程老师巡视指导到我的桌边，停下来看着我的美术本，饶有兴趣地问了几个问题。周围的同学见状纷纷拿出"收藏品"——我画的古装小人给老师看。没多久程老师就将初一几个爱画画的孩子组成了课外绘画小组，我也被纳入其中。程老师带着我们写生砖头、热水瓶、松树等静物、风景，都是当年很经典的绘画题材。至今还记得带着画板在校园写生，第一次用绘画的眼光观察雪松那层层叠叠的针叶却无从下手的懵懂情景。即便稚嫩，我们写生和创作的作品还是经常被程老师精心装裱后，展示在学校的画廊里。

后来，我考上了淮安师范美术班，这多半归功于程老师的培养。

再后来，我工作了，程老师退休了。

一次偶然的机会，我知道了程老师的住址。那年教师节，我毕恭毕敬地写了一张明信片寄给他，没想到，很快收到了程老师的回信，除了褒奖我儿时的绘画能力、对我从事的教育工作予以鼓励，还随信寄来一张我当年在校时临摹的古代仕女小画。看着泛黄薄纸上的画作，我很震撼：毕业已经十多年，老师已经退休，他是怎样完好保存着学生作业的？捧着这张珍贵的画作，我不禁被程老师那份大爱无言的师者之心深深感动。

程老师为我保存的在校时临摹的古代仕女小画

又一个教师节,我带着女儿捧着鲜花去看望程老师。那年,国家刚开始第八次基础教育课程改革,交谈中,我把当时流行的教学理念一股脑地道出,也与老师分享教学中的趣事,他只是微笑着看着我,频频点头,一如当年课堂上看着大家一样亲切随和。

现在,我已到了程老师当年教我时的年纪,教改也进入了第 24 个年头。一路走来,自己在不断成长的同时,也见证着一批批孩子的成长。程老师的言传身教使我深信尊重、鼓励对于学生的重要性,它使学习成为学生的一种内在需要,只有当学生自觉地担负起学习的责任,才能唤醒生命自觉、实现生命价值。

程老师的写生教学启示我:美来源于生活。在美术教学中,我努力落实新课改精神,带领学生们走入社会,画家乡的老房子;绘制风筝,做独一无二的扎染汗衫;帮助学生体会民间艺术繁衍不息的坚韧精神,在心灵深处永远供养那份遥远而难忘的乡情;继承民间传统文化的同时,搭乘艺术的翅膀放飞童心,探秘古埃及;学习现代雕塑,激发学生无穷的创意,培养他们成为既热爱本土文化,又能欣赏、尊重多元文化的现代公民。

我希望像程老师那样,尽可能呵护学生们可贵的童真及爱美天性,珍藏学生用心绘制的每一份美术作业。在信息可以电子化保存的今天,我尝试在学期末,将每一位学生的美术作业搜集拍照,制作成电子美术作品集,转发到班级群里,供学生们收藏。虽然花费了大量时间和精力,我始终甘之若饴。

我知道自己的进步很慢,在践行教学理念过程中也会有倦怠、困惑的时候。不过,我一直在努力着，我也一直记得程老师那朴实而温暖的笑容。

也许，正如《第五十六号教室的奇迹》作者雷夫所说：我们追寻完美，但永远无法企及，追寻的过程就是一切。

感恩年少时代遇见谦逊和蔼的程老师，让我懂得师恩难忘的意义！

睿智练达的行者朱凡老师

认识朱凡老师是在一次全国美术教师培训会议上，他给老师们讲解如何画速写，并且说他的速写本半个月就画完一本。之前就在网络上看过朱老师的博客，朱老师的大名早已如雷贯耳，见到本尊更是佩服，像所有老师一样我添加了朱老师的微信，时不时地发些速写请朱老师点拨。

2019年，因为想为教了四年的学生画速写，也是受朱老师画笔不离身的精神感召，我利用课余时间坚持为全年级每一名学生画了一幅速写。朱老师看了作品集，提了一些建议，更给予充分的肯定和鼓励，还邀我参加7月底他在安徽马鞍山举办的首届公益写生培训活动。

这是我自师范毕业30年后第一次外出写生，参加的学员都是来自全国各地的一线美术教育工作者。虽然每天在37度高温的室外汗流浃背地作画，但是心无旁骛地用墨线捕捉眼前的古街、山石，接受朱凡老师毫无保留的帮助指导；耳濡目染学员们起早贪黑的勤奋刻苦，心里感到无比满足和幸福。

朱老师带领大家每天早出晚归，晚饭后继续在画室对白天所有学员的作品逐幅点评分析，引导大家思考，每天都交流到深夜11点后结束。军人出身的朱凡老师用带兵的方法训练我们，练功夫更练作风。

所有的学员都被朱凡老师的奉献精神感召，大家一进画室便各自展开画纸，沉浸在创作构思中，尝试用不同的笔墨表达几天来积累的感受。紧张而忙碌、辛苦又快乐的培训活动很快就过去了，"凡而不同"水墨画写生作品展于八月一日如期举行，朱老师微笑着用标准的军礼向到场的嘉宾致谢，用一个敬礼、一场画展表达一名退役军人对人民军队的深情祝福。

临别前的晚上，朱老师殷切叮嘱我们："回去后，要继续画画，不要让热爱艺术的心凉了。"还说自己晚上要早点休息，因为第二天他有件大事要办。

第二天一早，我们在微信群里看见他笑着向我们挥手告别的视频，视频中留下他身背画夹匆匆赶路的背影。原来他心中牵挂的大事，是奔赴四川为一群山里的孩子开展公益美术教学活动。

步履不停，朱老师不是在自己的艺术道路上精进，就是奔赴在普及艺术教育的路上，"名利"二字似乎与他绝缘，身为中国美术家协会领导、资深人物画家，他从不去想自己作品的市场价格，甚至不屑和别人谈论这个话题。

培训班的领头人刘德龙教授这样评价朱老师："有的人见到老师和孩子就会绕着走，因为这两种人身上无利可图，但朱老师却绕着弯也要找到这两种人。"

朱老师在微信群里向大家介绍罗大佑的艺术人生，努力提高大家的审美，坚信创作来源于生活；经常转发、分享优秀美术教师的美术教育或美术创作成果，为大家鼓劲；还不定期通过腾讯视频为大家答疑解惑。就在书稿完成前，朱老师还在微信群组织了一场腾讯会议，为大家讲解创作要素：技术、艺术、时代与自我的关系，点评老师们作品时，语言一如既往的风趣幽默，又热情得令人感动。

就这样，他引领着一大批美术教育者在忙忙碌碌中保持警醒，始终向着正确的前行方向，心无挂碍不断精进。

真诚坦荡的朱老师，一位睿智练达的艺术朝圣者，是我一生的榜样。

清瘦古雅的顽童汪秀南老师

汪老师人如其名，有种江南人的内秀与文气。

记得第一次走进老师位于淮安画院的画室，看到门边墙壁上张贴着一小幅临摹的宋代山水画，我很好奇那种古色古香的背景是怎么做出来的。汪老师没有立即回答我的提问，告诉我以后会知道的。

我拿出临摹的芥子园画谱请汪老师指点，汪老师飞快地翻看了一下就放下了，建议我改变临摹方向，选择更具有笔墨变化的临本。于是，按照汪老师的意见，我从陆俨少的树石开始，到黄公望、沈周，再到现代的童中焘，去感受笔墨的千变万化，不再把注意力仅仅放在形上，而是去理解黄宾虹先生关于笔墨"五笔"理论中的平、圆、留、重、变。

汪老师带领我们前往淮安市图书馆欣赏宋画全集。装帧精美的高清大型画册，让我第一次看到那么多美轮美奂的中国画，作品的绝美让我瞬间为之倾倒，宋画的艺术高度相比西方古典绘画毫不逊色。汪老师还即兴示范了赵孟頫的《竹石疏林图》中石头的用笔，顿挫、转折、起伏提按，与石头的阴阳、体面、形态质感相应契合，让学生们直观感受到一根线条的丰富与美感，体会"一笔"的含义，不禁感叹毛笔到了汪老师手里就变得如此听话。这时我明白了技法源于功力，老师画室的那幅小山水其实是功力的日积月累、水到渠成。汪老师不仅在用笔上特别讲究，在画面的墨色处理与虚实关系上也有过人之处。他的画不会特别强调轮廓线，相反，总是使轮廓线若隐若现地消失在朦胧的墨色里,松紧自如,节奏明快,格调古雅,意蕴无穷。他总是强调勤练基本功的重要性,劝大家不要过早地涉猎创作。

汪老师认为,临摹是学习中国画的重要方法。为什么很多人总是在原地徘徊不前?就是忽略了临摹的重要性。他引用《荀子·劝学》中的"君子生非异也,善假于物也",以及"妙悟者不在多言、善学者还从规矩"等观点,指出通过正确的临摹方法学习即可取得进步。

汪老师每次为大家作范画时,神情总是特别专注,周围学生讨论交流的声音好像自动被屏蔽了,不会受到一点干扰分神。他听我说对人物画感兴趣,常向我推荐优秀的现代人物画家作品,转发笔墨精妙的人物画作品链接让我学习。

汪老师非常勤奋,为了有更多的时间作画,他以古为师,甘于寂寞,尽量不外出,连朋友的应酬也极少参与,但他绝不是个老古板。他爱收藏,一对棕漆已经褪色的高大雕花木门依墙而立,为画室平添几分岁月的沧桑与温雅,窗边错落几根石柱的顶端残存的佛像尤显悲悯。他的案头总有三两个红红的小石榴,一两支金黄色佛手柑,不为吃,只图个清香悦目。作画间隙,汪老师也会像个孩童一般,品尝学生们带来的各色点心,很享受和珍惜。他和同事外出游玩,头顶斗笠扮作渔夫的照片,更显露他幽默率真的一面。

2022年初夏,淮安市美术馆兼淮安画院为即将退休的汪老师举办了"秀水南山——汪秀南中国画作品展"。展览展出了汪老师88幅经典中国画作品,每幅画扎根传统又传递着当代艺术精神,散发着水墨艺术的美感与诗意。配合这次展览,为让更多的人了解中国画,弘扬传统文化,美术馆还精心策划了汪老师每日创作实录公教活动,通过汪老师每日在巨幅长卷上现场创作,让书画爱好者、市民观众近距离接触传统笔墨,亲近水墨艺术。慕名前来观摩学习的各界人士无不为汪老师的精妙笔墨和恢宏气势所折服。

一位悠游在中国传统绘画里的画家,内心却像孩童般充满元气,正因如此,汪老师的作品才总是如此格调高古又焕发着新意。我在自己的美术教学中,因为得到汪老师的引导与鞭策,对传统中国画如何守正创新、中国画能带给孩子什么等问题也有了更多的思考和探索的勇气。

超凡脱俗的仁者陈天强老师

源于对艺术的热爱,我对于中西方绘画都抱有极大的兴趣,在旧日师友的引荐下,有幸在疫情三年的缓冲期,结识了陈天强老师。

2021年7月,山东微山湖岛上简易的平顶画室里,陈天强老师在为一位学员修改色粉画习作。只见他拿起海绵擦,大块大块地把一幅很写实的老妇人半身像迅速擦成一片模糊的灰色块,陈老师边涂抹边用他不急不忙的声音缓缓地说:"你不能这样画画,你这样的画是最没劲的画。"

旁观学习的我被陈老师的举动和话语深深震撼。

几天下来,接触多了,我才慢慢明白,陈老师说的"一幅画画得像会很难看,尤其是风景,画得像最难看"的含义。

陈老师曾是山东建筑大学的资深美术教授,在他眼里,高级的审美必须是不俗的、经过作画者主观提炼的。为此,他帮每一位学员用心改画,不辞辛劳,学生们的画作常被修改得面目全非后重获新生。

在陈老师的指导下,我慢慢理解了什么样的画是好画,知道了阿利卡、杜马斯……

陈老师对我这个初来乍到的新手也相当照顾。来之前我请他看了我平时画的速写,他很是赞赏,并且语音留言鼓励我:"你是一个非常称职优秀的老师,还会是一个幸福的画家。"未曾谋面的陈老师的这一句话戳中了我内心的种种不自信和自我否定,泪水一下子涌出眼眶。从不敢奢望成为画家的我,在默默努力中竟被陈老师如此理解和认可。

白天上课、作画,晚上继续完成习作。周末的夜晚除了画画,喜爱吹拉弹唱的老师和同学们也各显身手,有人吹笛子、排箫;一位朝鲜族女学员端起圆凳当腰鼓跳得欢快洒脱;陈老师则手持一管长箫,一曲"在水一方"悠扬婉转……

眼前此景如梦如幻,传统与现代、经典与传承,在一瞬间不经意地水乳交融。这一群真挚、真情、有真功夫的人,亦师亦友,爱艺术也爱生活,这样的画家怎么能不幸福?

离别时,下着大雨,陈老师正在为我们同行的一位老师改画,我们的车等在雨中。远远地见陈老师改完画出门相送,我们赶紧下车跟他挥手道别,请他留步。陈老师本来准备站在廊檐下目送我们离开,但他见我们在车外,担心我们被淋湿,赶紧扭头一步跨回画室,免得我们不好意思上车。

作为一个爱书人,我曾请陈老师推荐几本书回去后学习,陈老师摇摇头,慢慢地说,看书没用,还是要多画。这又让我出乎意外,陈老师总是带给我很多思考。是的,看书的收获只能在头脑里,行动才有真正的答案。

回来后,陈老师担心我理解有误,在微信里回应我:"书还是要看的,最好是些画画以外的书。"

陈老师从不大声说话,每句话都很慢很轻,但每一句听来都有力,因为能点中要害而自有质感和重量。与陈老师短短几天的相处,开启了我对艺术的全新理解。

可惜自己资质愚钝,又常被琐事困扰,还没能做到多画。但我会努力,每天坚持画一点点。绘画时间自由,虽不能至,心向往之。

穿越岁月长河的一束光——赵恺老师

赵恺是淮安籍当代著名诗人。

我第一次见到他是在2007年,那时我在淮海路小学任职,学校门前是景色宜人的石塔湖。当年学校为了展示艺术教育成果,开先河地在淮安市博物馆举办学校师生书画展,邀请赵恺先生担任顾问并致开幕辞。

赵恺先生为师生作品画册取了一个很艺术范的名字——"石塔湖畔毕加索"。并作诗为序,以此鼓励孩子们。

开幕式那天,赵恺先生在校领导陪同下,饶有兴趣地欣赏学生们的画作。他不时驻足细看,对学生的创意与表达褒赏有加。观展后,他在画册扉页写下一句诗一般的留言:"人类应该在二十公尺之外就向老师脱帽敬礼!"

当时有位兼任摄影师的年轻男同事,请赵恺先生为他签名。这位同事个头不高,但穿着很有品位,做事干脆利落,很有几分摄影人特有的洒脱。赵恺先生欣然提笔为他写下四个大字:"向帅致敬!"

那一刻,我折服于先生文字的爽利与诗意。

再一次"见"到他,是在2019年父母的一次师范同学聚会上。那段时间,已年过八旬的父亲身体很不好,又偏偏轮到父母们做东。父亲母亲不愿因此耽搁,为了照顾父亲,我只能陪他们一同参加。

其中几位老人既是父母的师范同学,也是母亲在丁集小学就读时的同学。当聊到小学老师时,几位老同学不约而同提到赵恺老师。一提起赵老师,大家顿时兴奋起来,争相倾诉着自己对赵恺老师当年的印象:高大、白净、帅气,经常穿着白衬衫;气质好,喜欢打篮球……一群八十多岁的老人家,一改年迈老成,神情仿佛瞬间变回孩童,热烈表达着对赵恺老师的仰慕之情。

这一幕让我永生难忘,这群八旬老人津津乐道的不是世人眼中赵恺先生作为诗人的诸多光环,而是年少时感受到的赵老师阳光般的个人魅力。

一名小学教师,几十年之后,依然能从一群年届耄耋的学生口中,获得如此忘情的集体赞美,这是多大的人格魅力,留给学生的印象又何其美好。

原来,一名老师带给学生的影响可以如此深远、动人,而这一幕赵恺老师自己一定也不会想到。

他正是值得人类在二十公尺外就脱帽敬礼的人啊。

他就像穿越岁月长河的一束光,照亮了多少学生的年少,更经年累月地照射在学生的心间。

很有幸,我看见了它。

附记:

近日,我从书堆里找到了当年那本《石塔湖畔毕加索》画册,特将赵恺先生为画册撰写的序言摘录如下:

倾听孩子谈话

赵恺

画家属于眼睛,孩子既属于眼睛又属于耳朵。孩子的画可以倾听。

画家描摹,孩子创造。直逼美之本源,孩子的绘画是天籁。

毕加索说,他努力,他变化,他毕其一生的追求,就是为了画得像个孩子。

——题记

三秋之木,

落叶缤纷,

追随舍弃金色耳朵的森林,

我也只保留两种倾听:

倾听大自然,

倾听孩子们的谈心。

熟悉又陌生,

平易又奇倔,

遥远又切近;

一位孩子是一位哲人,

倾听他们就是倾听原创的生命。

不斟酌,不提防

一片不设栅栏的草坪。

不可规范的闪电

不戴墨镜的太阳,

不穿裤子的云,

安徒生划亮火柴,

只轻轻一响,

便灼痛灵魂。

第二章

如何让美术课堂更有趣

2017.11.6

美术课堂的新变化

2001年《义务教育课程设置实施方案》与2011年《义务教育美术课程标准》的相继出台，以前瞻性的教育理念为美术教育实践指明了发展路径。随着义务教育的全面提升，学校育人体系也在科技浪潮中持续迭代。

2022年《义务教育艺术课程标准》的颁布实施，标志着我国基础教育艺术课程进入新纪元。新课标以迭代升级的理念回应现代社会生活、学习、工作方式的深刻变革，构建起审美感受、艺术表现、创意实践、文化理解的核心素养系，致力于培养适应未来发展的创新型人才。

一、教材整合——重组教学单元

以苏少版四年级"鸟"的单元为例，共包含《鸟》《水墨画鸟》《鸟的纹样》《我是一只小小鸟》四课。教材的编写很有逻辑性，第一课首先认识鸟、写生鸟，掌握鸟的基本特征；在此基础上增加多种表现方式，水墨画、装饰画紧随其后；最后用综合材料制作鸟的服饰进行表演。这样的教学环环相扣，能引导学生充分探究鸟的世界。然而实际教学中，如果按部就班地进行，这一主题一般要持续3到4个星期。对于平时生活中并没有太多机会接触鸟类的学生来说，新鲜感过后，即使教师提供丰富的图片和影像进行教学，仍然难免造成审美疲劳。

我注意到后面的《听音乐画音乐》一课，重点是用抽象的点、线、面以及色彩来作画，表达从音乐中感受到的情绪。鸟的单元能否引入以点、线、面为元素的情绪符号表现鸟的纹样，为"鸟"这一单元增添活力？我决定将"鸟的纹样"安排到"画音乐"一课之后教学。

果然，在学生学会用不同的线条、点、色彩、形状来表达音乐后，再上《鸟的纹样》一课，就有了更有趣味的表现角度：画一只有情绪的鸟。这个切入角度和水墨画的墨色晕染、鸟的写生截然不同，更多地体现了儿童视角，契合了儿童的生活体验，引发出学生的表现热情，从而使学生将自己的情绪自然地倾注到鸟的表现上。

学生们将画音乐时所用的锯齿形、波浪线、弧线、折线，轻重不同的点，或热烈或舒缓的色块等元素，顺理成章地运用到表现一只有情感的鸟上，几乎每一个学生都很投入，也很自信。旧的知识获得了新的迁移和运用，也在新的情境中得到了进一步巩固和深化。

于是，骄傲的鸟、伤心的鸟、愤怒的鸟、开心的鸟……每一只鸟都不一样，情绪的起因也各不相同，一鸟一世界，一笔一心情。学生借由鸟的描绘获得对内心深处情感的观照与表达，巧妙避免了为装饰而装饰的浅层绘画体验。

作者：徐汐瑶　　　　作者：林雨阳　　　　作者：张可昕　　　　作者：许晨熙

学期结束时，我照例设计了一份调查问卷，其中有"我最喜欢的一节美术课"的问题，这节课以高票数位居前列，成为本学期最受学生欢迎的美术课之一。

二、感知养成——开发创意媒材

2001年美术课程标准实验方案，提出从低年级起美术教学应联系学生生活，倡导多媒材综合创作，注重培养学生综合探究精神。苏少版美术教材通过展示多元化学生作品，为教师提供了跨媒材教学的众多范例。

以"鸟"的单元为例。鸟的写生、水墨画鸟、鸟的纹样都是平面上的绘画；"我是一只小小鸟"则要求将鸟类造型立体化，并且结合戏剧表演，实现跨学科能力培养。我在本课教学中做了以下尝试：

1. 材料筹备：组织学生收集可制作大型鸟类的生活材料；
2. 情境导入：创设"精卫填海"教学情境，通过角色扮演引发创作兴趣；
3. 技法突破：采用"观察讨论＋视频示范＋师生互动"模式攻克羽毛、鸟喙等关键部位与制作难点；
4. 实践创作：小组分工完成鸟类立体造型设计与制作；利用课间进行剧本编写与角色排练；教师提供黏接技术支持，帮助学生自主选择所需工具材料。

在大家齐心协力的合作下，一组组鸟儿陆续装扮成功。小组汇报表演的时刻到了，学生们都很兴奋和期待。讲台临时变成小舞台，"骄傲的孔雀""乌鸦与狐狸新传""天鹅与丑小鸭""鹰的传说"……每个小组轮番上阵，人人参与，个个登台。造型迥异的鸟儿们彰显着学生们的巧思，风格各异、生动有趣的表演赢得大家一阵阵热烈的掌声。

这样创造性使用多种媒材、创新美术作业形式、集戏剧小品表演与环保理念于一体的综合性课程虽然比常规美术课花费更多的时间与精力，但学生的合作意识、团队凝聚力、动手操作能力、当众表达能力等解决真实问题所需要的综合能力都得到了锻炼。

随着美术新课程标准的落实,综合性课程的内涵和深度得到进一步强化,跨学科、跨文化、可迁移的美术学习也必将成为美术课的新趋势。

三、自主学习——促进知识迁移

20世纪90年代,魏书生老师通过引导学生自主学习取得了令人瞩目的教育成果,自主学习由此成为基础教育改革的重要方向。研究表明,自主学习能力的培养有利于提升学生的心理健康水平、塑造自律品格和增强自我效能感,为终身学习奠定基础。如何在美术教学中通过培养学生自主学习能力实现知识的迁移?

每学年伊始,我都会在美术课堂设立小岗位,除常规的课代表、小组长、设备管理员等职务外,我还会邀请学生选择自己喜欢的某一课担任"小老师"。学生提前搜集资料、准备课件,有的还提前制作好范画。从接受任务开始,学生就经常在课间与我讨论如何上这节课,需要准备什么材料,怎么教同学。部分学生因家庭条件限制无法做课件时,我就协助整合其提供的图片素材完成课件制作。

以四年级《海洋怪兽》一课为例,担任"小老师"的小郭同学提前收集了大量海洋怪兽的图片资料,课件准备得很充分。课堂上,身高不足1.3米的她从容地站在讲台上通过连环提问引导同学思考:"世界上最奇怪的海洋生物是什么?它们有哪些特征?"抛出问题之后,环视全班点名发言。学生因为换了熟悉的同学做老师,也感到很新鲜,注意力高度集中。小郭同学不停地与大家互动,交流分享着怪兽特征,课堂气氛愉快活跃又井井有条。在"小老师"讲解的基础上,我顺势请学生们对不同海洋怪兽的造型进行比较,发现怪兽们的共同规律与不同点,联系生活中见过的奇怪事物,思考怪物之间独特而又有创造性的联系,将学生的认知从单个怪兽特点过渡到概括性的理解上。

"小老师"的能力与胆量在讲台上得到锻炼,其他学生的参与意识和表达欲望也被激发出来。作业完成后,班级举行了"斗怪大会",选出设计海洋怪兽的冠亚军,将"小老师"的教学成果推向高潮。

五、六年级学生具备较强的认知能力,因此,我将美术核心知识点转化为图文结合的探究卡片。例如在《美丽的园林》教学中,学生通过卡片赏析中国画中构图、疏密、线条等视觉元素。作业设计聚焦"如何表达视觉元素,"要求在临摹改编基础上添加人物,增强画面情境感。学生根据卡片提示自主观察、思考、表现,在理解的基础上,自行重组画面内容,而不是亦步亦趋地临摹。通过将所学知识进行迁移运用的作业形式,降低了学生对教师指导的依赖,每个学生都拥有独立探究的空间,在完成作业过程中经历深层次的心智活动,超越了肤浅的技能性学习,从而使知识得到跨情境迁移。

四、积极评价——多元展示作品

经过精心的教学设计,学生每一次完成的美术作业都展现出很强的原创性,值得好好珍藏欣赏。但现实中,很少有家长关注到这点,语数英等学业压力让家长无暇欣赏孩子的美术作品。多数学生的美术作业本与其他练习本一样难逃被丢弃的命运。

如何能让学生互相交流欣赏彼此的美术作品,看到有共鸣之处时会心一笑、遇见独特创意时激发灵感呢?

除了平时课堂的即兴点评、课前习作展示,每学期的"六一"展出,我和同事都会在校园里专门设置展区,集中展示全校学生的课堂作业。

借助信息技术发展,我尝试用数字化手段保存学生的画作。

除了在班级 QQ 群建立学生美术作品相册,还利用美篇 App 制作主题作品集。以四年级的《奇怪的梦》一课为例,我被学生充满童真的内心表达深深感动,将所教7个班级每位学生画的作品拍摄整理后上传至美篇平台,按班级标注学生姓名,并配上《大王叫我来巡山》的背景音乐,为这个绘画主题营造出童话般的呈现效果。众多学生作品构成的线上展览,让很多家长第一次通过孩子的梦境走进孩子的内心世界,为家校沟通开辟了新视角。家长与学生在作品集下方的互动留言,更让电子作品集成为连接家校、促进学生交流的纽带。

学期末,我会组织学生每人精选两张作品,用美篇制作成班级作品集,确保每位学生的作品都有展示机会。

为了让学生在课堂上也能便捷地欣赏到更多同学的作品,我还尝试将学生美术作品做成希沃白板课件,并生成二维码供师生扫码浏览。

2020年疫情期间,面对上传到 QQ 群的学生作业,我依然细致整理,制作成美篇,配上音乐《阳光总在风雨后》,为居家学习的学生送去心灵的慰藉和希望。

这些年,已制作的电子主题作品集包括:"老师,请你记住我""我的老师""世界,你好""真情染夏""年级作品集"等系列。

我用这种方式记录学生的童年,因为每一个学生内心的丰富与独特都值得被看见。

在新课程改革背景下,美术课堂实践正逐步聚焦于学生核心素养的发展。通过对教材单元重组整合,开发创意媒材培养艺术感知力,倡导自主学习促进知识迁移,以及通过多元作品展示实现多维度评价,我尝试以多种美育途径唤醒、引导和满足学生生命中的审美与成长需求,如此,才能更好适应学生终身发展与社会进步的需要。

"揭发"出来的精彩

《重复的形》是苏教版三年级下册的一堂设计应用课,与二年级《相同图形排排队》组成从二方连续到四方连续的系列课程。在二年级教学时我用小猫钓鱼的故事导入,将钓的小鱼排成各种有规律的队形,在学生理解了排队规律,欣赏了图片、作品之后,再引导他们以自己喜爱的食物、生活用品作为基本形进行练习,当时学生们掌握得很好。

时隔一年,我又将小猫请进《重复的形》:"这次小花猫钓到的鱼更多,排列的队形也变了。"边说边在黑板上画出小鱼的纵横排列方式,让学生观察发生了哪些变化。学生发现不仅有左右还有上下排列,于是我一边用手指着黑板上图形排列方向一边阐述:二方连续就是两个方向(如上下或左右)重复出现的图形,四方连续就是四个方向(上下左右都有)按规律出现的图形。学生一下子就明白了。接着引导他们发现生活中瓷砖是块块相连的,高楼的窗户是重复排列的,衣服上的花儿是朵朵相同的,栏杆上的雕刻是幅幅相接的。这些四方连续在自然里、生活中、画面上形成有秩序和节奏的诗篇。

作业时,考虑到学生手绘多个完全一样的图形难免变形,我建议他们先用尺画出九宫格,再在里面进行绘制,这样容易控制单个图形的大小与形状。学生们安静地沉浸在自己的作业中。就在大多数学生快要画好的时候,突然有个声音打破了教室的安静:"老师,她在下面玩面巾纸……"我循着声音看过去,举手的学生正斜眼看着同桌,表情既不满又好奇。

我走到跟前一看,被举报的"违纪者"课堂作业已经完成,按平时要求,完成作业的同学都应该在自备本上画自己喜欢的画。而此刻她却用水彩笔在点面巾纸玩:只见纸的中心点得密密麻麻形成了黄色点、粉色块,外侧围绕稀疏的绿色、蓝色、粉色点,四个角上是被粉色线条包围的蓝色块,相互之间被绿色的线连接起来。打开来一看,竟然是一幅色彩明丽、构图饱满的图案。

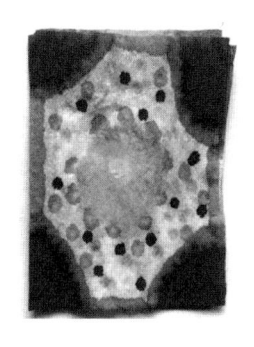

折叠点染的面巾纸　　　　　打开后的图案

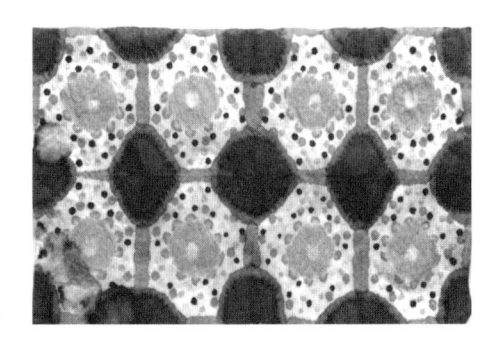

看着惴惴不安的"违纪者",我迅速调整思路:这个孩子违反规定玩出的面巾纸,打开后不正是本课的学习内容——重复的形吗?她先折叠再点染,使得完成的图形既复杂对称又不变形,还有着惊艳的视觉效果,虽然与我的作业要求大相径庭,也没有遵循常规使用自备本,却悄然推开了另一扇神奇的四方连续大门!

　　我不由得夸奖了她一番,拿着这张被揭发出来的面巾纸走向讲台,展示给全班学生说:"请大家看看某某同学用点的方法制作的重复的形,好看不?"学生们刚开始以为我要批评她,后来听见我夸她,正满怀好奇,等仔细一看图案,齐声发出"哇"的赞叹声。我将手中的面巾纸重新折叠起来,让学生观察只要在这么小的面积上进行简单的设计,打开后就会变成复杂漂亮的对称图形,并引导学生在这张纸上找出色彩的明度、纯度渐变以及对称图形的美。话音刚落,就有学生迫不及待地从书包、口袋里翻出面巾纸想试一试。过了一会,有学生面露难色:他的水彩笔点染不透厚厚的面巾纸。于是,我请出"违纪者",不,应该是"原创者"来分享经验,原来她是把三层的面巾纸揭出薄薄的一层,并且在点的时候,水彩笔在纸上停留时间长一些,这样就能轻松染透了。哦,原来有小窍门啊!疑惑的学生恍然大悟。掌握了诀窍,他们更加热情高涨,下课后还有不少学生流连在教室。

　　后来,我又把这个孩子玩出的面巾纸作品带到其他班,引导完成课堂作业的学生也试一试。一石激起千层浪,好多学生迅速被来自同龄人的原创作品吸引,他们有的立即在课堂上动起手来,有的放弃午休,有的晚上回家完成,用各种色彩、点线面搭配出变化万千的漂亮图案,有个学生两个中午没休息,一口气点染了十几张……一旦学生们的好奇心被激发,他们的专注投入实在让人惊讶。(见下图)

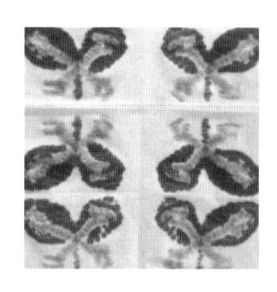

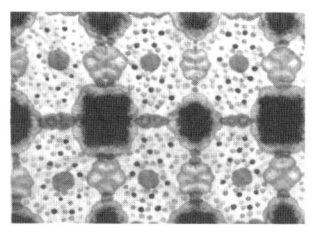

学生点染的面巾纸作品

当我再次走进教室,学生们纷纷拿出自己的面巾纸作品向我"炫耀",我也不禁发出由衷的赞叹。我问他们:可不可以把作品送给老师收藏或拿到其他班展示?孩子们连连答应,心里早就乐开了花。

这些绚丽独特的面巾纸无一雷同,但质地却很薄很软,怎样更好地展示、收藏呢?我想到了近来网上流行的早餐美拍,何不将孩子的作品裱成杯垫,成为点缀餐桌的一抹亮色?这样既能让孩子的作品得到很好的保存,又体现了《重复的形》这一设计课的应用价值。

于是,我尝试将孩子们的作品分别裱在圆形的素描纸上,并拍成照片反馈给孩子,与他们分享成功的喜悦让他们感受自己的作品在实际生活中的应用之美。

学生作品制作成的杯垫

  当然除了杯垫,作品的保存与应用还有其他很多方法可以尝试。

  随手可得的材料、简单实用的方法、富有视觉冲击力的效果,这一切来得非常偶然,细想之下,偶然之中也有必然:学生们尤其是"违纪者"色彩知识掌握牢固,善于色彩搭配;理解了前段时间《风筝》一课的对称图形画法,下意识地进行了知识迁移;领悟了本节课《重复的形》的主要元素;加上学生自身的灵性,使得平凡的面巾纸瞬间熠熠生辉。一张面巾纸华丽变身的背后,是学生所学的知识与技能的不断累积,是学生发散思维与审美能力的综合展现,是学生探索精神与好奇心的天然流露,是综合能力从量变到质变的必然结果。想到这里,我更加深刻认识到上好每一节课的重要性,与其面面俱到,不如讲透基本概念,留给学生更多探究的空间、发声的自由。唯其如此,才有可能在未来与学生们邂逅更多的精彩,在教学中继续刷新教学相长的快乐!

定格动画的魔力

翻开六年级上册的美术书，我的目光停留在《拍拍动作》一课，想到很多年前学过的 Flash——借助计算机教学的动画软件，需要专用的电脑教室和软件，操作难度很大。有没有更便捷的方法让学生体验动画制作的乐趣呢？我立即查找资料、与同事们探讨，发现用手机下载定格动画 App 就可以完成这项学习任务。

刚工作不久的小严老师在大学时学习过定格动画，她的手机可以直接下载"定格动画工作室"，而我的手机因型号不同无法直接下载。经过一番摸索，找到在安卓手机上的下载方法：先下载 360 手机助手，再下载定格动画工作室。

有了 App，我从零开始尝试学习。

我先用 App 做了一个实物动画：将剪刀张开、合拢分别拍成照片，再移动位置，反复拍照多次，经过编辑处理，很方便地实现了剪刀自动行走、开合。这样的实物动画没有绘画要求，重在动画主角以及动作的创意。

于是我又做了一个手绘动画：先分别手绘小鹿的两个奔跑姿势，并分别拍成照片，再通过 App 设置让它跑起来。手绘动画与美术学科结合得更紧密，重在线条和色彩的绘画性表达。

经过两次实际操作和反复思考，我心里有了底，确定了"拍拍动作"的教学思路：

一、基础版实物动画——让身边的物品"活"起来

第一课时，我首先播放一段有趣的定格动画视频，让学生猜一猜是怎么制作的，激发起学生的好奇心后。接着出示我做的定格动画，告诉学生用一个 App，只需要三步就可以完成制作：第一步拍照，拍几十张连贯动作的照片；第二步将照片导入 App 进行编辑；第三步保存并导出。

接着我在定格动画工作室 App 的界面上，演示具体做法，让学生观察不同的效果，讨论一秒需要多少帧，大概拍多少张照片动作看起来才更连贯。

因为带手机进入课堂练习会有很多麻烦，很不现实，于是我让学生把下载 App 的方法记下来，将实物定格动画作为家庭作业，一周内完成并上传到班级 QQ 群。

学生们交上来的作业非常有趣又有个性。有的学生以家里的玩具熊为模特，视频中的小熊先是躺在被窝里睡觉，天亮了翻身起床，下床后仔细折叠摆放被子，整个过程非常流畅自然；有的学生以自己喜欢的玩具兵为主角，只见玩具兵来到玩具车前，开门、

上车、启动、停车、下车，整套动作有模有样。

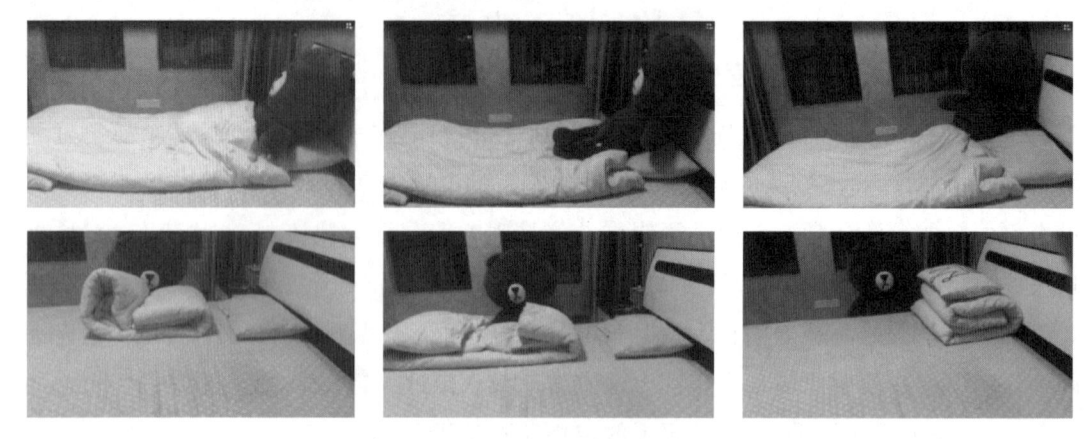

学生制作的实物动画"小熊起床"截图

有个男孩子小孟平时个性比较倔强，对美术作业也不热心，却对定格动画产生极大的热情。他以玩具奥特曼为主角，用动画表现它一天的生活。尤其是他给动画配的音，声情并茂，夸张有趣，简直为动画注入了灵魂。他这样向同学介绍自己的作品："我的灵感来源于妹妹，她喜欢奥特曼之类的玩具，我就把这些东西收集起来；因为家里的桌子比较乱，就找了一块布遮挡起来，为动画设计了一个小卖部的场景。一开始也出现很多问题，要么是拍的照片张数不够，时间太短动作不连贯；要么配音时间与动作卡不上，反复调整了好多遍。最后终于做出满意的效果。"可想而知他投入了大量的精力和时间。我欣喜地把他的作品在各班轮流展示，所有学生都被他无可挑剔的配音和简洁独特的创意征服，小孟同学获得了满满的自豪感和成就感，性格也因此开朗随和了很多。

动画制作的神奇魅力，也导致有的学生"走火入魔"。记得"拍拍动作"作业布置后的当晚，就有一位男生迫不及待地用"我的世界"游戏玩具做动画中。虽然我给大家预留了长达一周的创作时间，确保不会影响其他学科学习，他还是因过度投入而忘记完成当天的语数作业，结果第二天被数学老师逮个正着，获得了"讲台专座"的特殊听课待遇，这件事给其他同学提了醒，也让他深刻意识到：只有合理规划时间，平衡好学业与爱好的关系，才能让爱好成为成长的助力，从中收获持久的乐趣与成就感。

二、进阶版手绘动画——让手绘动物"跑"起来

实物动画解决了让物体"活"起来的问题，但是"主角"不是自己创作的，对美术技能的运用相对较少。而以手绘或手工制作的形象做原型，则可以充分发挥美术学科特点，综合运用美术元素进行创作。

学生平时爱看的动画片大多数都是手绘动画，不少学生玩过一种快速手翻页游戏：

在本子每张纸的同一边或同一角画上相同的形象,但每一个形象都比前一页变化一点,比如人的手稍微比前一张抬高一些,或腿跑的幅度大一些。画了十几张甚至几十张后,连续快速翻动,就会自然形成动态形象。

明白了这个原理之后,我告诉学生今天不需要画那么多张,只需要画两张就能让动物或人物"跑"起来。

我播放了手绘小鹿动画的视频,学生看了老师用两张画就能让小鹿奔跑得那么轻快,顿时有了信心和兴趣。有了用实物制作动画的经验,手绘动画的制作非常顺利,学生们制作出飞奔的袋鼠、猎豹、骏马,翱翔的海鸥、老鹰;有的学生用自己手工捏的黏土小人做主角,记录黏土小人一天的生活。几乎所有学生都完成了自己人生中第一部"手绘动画片"。

学生手绘动画"翱翔"　作者:杨诗昀

为了提升学生的成就感,我把QQ群里的定格动画作业下载保存,做成课件在课堂上与他们共同欣赏。大家看得津津有味,时而为同学的创意点赞,时而被幽默的动画情节逗得哈哈大笑。

从学习理论视角分析,定格动画创作属于典型的劣构问题,——它没有唯一正确的答案。无论是主题构思、拍摄对象选择、光线和环境布置还是时长调试、音效合成、音画同步等环节,每一项任务都存在很多种选择,不同选择指向的结果也不一样。当每个学生尽自己所能,解决了遇到的种种真实问题后,既能从个人实践中积累经验,也能从他人作品中获得启发,这种双重学习体验有效促进了学生高阶思维能力的发展。

水墨画也好玩

水墨画对于学生来说，既新鲜又带有一点神秘，他们虽然通过美术课了解过一点，但在平时生活中几乎没有机会接触毛笔。

所以对于大多数四年级学生来说，《水墨画鸟》这一课几乎是零基础学习。由于教学水墨画需要准备的工具材料及操作过程较为繁杂，相比其他课型教师需要具有更高的课堂调控能力，意味着耗费更多的精力和时间。正因如此，水墨画教学成为很多美术教师感到难以驾驭、学生不识庐山真面目的课型。

如何让现代小学生传承水墨画蕴含的中华优秀民族文化、感受其神采与奥妙？怎样解决学生绘画材料购买难的问题？我经过一番深入思考后，决定为学生提供材料进行水墨画教学的探索尝试。

我找出学校过去购买的50支左右旧毛笔，清洗干净备用；毛边纸、墨、砚台、毛毡则用因疫情暂停的书法课剩余材料，再买一些宣纸，整个年级的水墨画材料就基本备齐了。我带领几位学生提前将整开宣纸一张张裁好，每班上课之前，将笔墨纸砚一份份整齐地摆放在毛毡上，一应俱全静候学生们进场上课。

一、课前默契，涵养水墨画的静雅之心

小学生天性活泼，面对新鲜的工具材料必然兴奋好奇，这种兴趣利用得好，可以成为课堂教学的助推器，帮助学生高效完成学习任务；如果不能妥善利用，则容易造成学生情绪亢奋，起到反作用，甚至导致课堂出现失控状态。

这就需要教师的智慧引导，做到规则先行，乐而有序。

我课前与班主任老师沟通，请他们组织学生由小班干带领来专用教室上课。学生排着整齐的队伍进入教室后，我首先夸赞一番学生的有序进场，接着用精美的课件提醒学生要做到的几点默契要求，如：

（一）专心听讲、专注练习、积极发言；

（二）爱护公物，不可用笔甩水、玩笔；

（三）宣纸、毛笔制作不易，请爱惜使用；

（四）使用后，将毛笔放进笔洗轻轻涮洗，在笔洗边缘刮干净水分，再放进小桶里由组长统一涮洗，水清后悬挂在笔架上；砚台不用清洗；

（五）善待作业，由指定同学收齐作业放在讲台上，老师批改后发还给同学；

(六)静悄悄地来,静悄悄地离开。

有了明确的规则,学生明白了什么是正确的课堂行为,师生间有了足够的默契,能够保证教学活动的顺利进行。

二、微课导学,体验水墨画的笔墨之趣

上课伊始,我播放从智慧中小学平台下载的一段视频,带领学生进入笔墨的世界。

视频巧妙地用拟人的手法将笔墨纸砚文房四宝四个小伙伴介绍给学生,接着将水墨画步骤和技法编成顺口有趣的水墨操进行演示教学。如预备节"蘸清水,理笔锋,锋蘸墨,肚藏水"演示先湿笔再蘸墨的顺序。第二节慢跑运动"蘸饱墨,慢慢跑",体验湿墨慢速行笔产生的洇染效果。第三节快跑运动"画线条,不间断,口干舌燥,再坚持"生动揭示了水墨画中"枯笔飞白"的知识要点。通过慢跑和快跑的视频演示,"墨色变化分干湿"这第一个墨色奥秘水到渠成。第四节"中锋侧锋花样跑",通过演示用中锋和侧锋分别画出线条和色块,让学生不仅了解了什么是中锋和侧锋用笔,还明白了第二个用笔奥秘:"中锋侧锋韵不同"。第五节跳跃运动,通过墨点不加水和加水的变化,找出墨色浓淡规律,得出第三个墨色奥秘:"浓淡搭配才相宜"。进而欣赏画家作品,进入水墨游戏操的整理运动环节。

水墨游戏操将用笔用墨的奥秘巧妙结合,还穿插了辨别中侧锋的小挑战、墨点浓淡变化的找规律游戏、赵孟頫的《秀石疏林图》欣赏,并及时运用所学,进行复习巩固,满足了学生的好奇心和胜任感。经过一番看似随意的水墨游戏操,最后经过"整理运动"联想添画成一幅幅柳暗花明又一村的水墨画作品。

视频极大地调动了学生的学习兴趣,解决了水墨画教学的重难点问题,给学生们留下了深刻印象。它启示我们在平时的教学中深入研究教材,遵循学生的身心发展规律,设计简洁有趣的教学形式,融知识于轻松的游戏中,让学生体验更多轻负高质的快乐学习。

三、教师示范,习得水墨画的执笔之法

工欲善其事,必先利其器。考虑到平时学生对毛笔接触很少,在视频播放执笔方法时,我适时暂停,请他们拿起毛笔,先让他们说一说毛笔的组成部分,笔杆、笔锋、笔尖、笔肚的具体位置。并通过演示让学生了解,以后自己买了新笔如何开笔、如何洗笔。如洗笔时,将自己的毛笔在笔洗中间轻轻涮洗几下后,在笔洗边缘刮干净水分,将笔洗换成

清水再涮洗几下,水清即可;不需要将笔锋里的墨汁全部洗干净,不可以用手使劲揉搓等细节。

除了视频里的五指执笔法,我向学生补充了更自然且容易记忆的执笔法:(一)左手执笔,右手自然下垂;(二)右肘向前自然平举,小臂与肘平行,保持下垂时的自然手型;(三)把左手的毛笔放在右手的食指和中指、无名指之间即可。提醒学生大拇指的关节向外自然凸起,不要内陷用力。

带着练习两三次后,学生基本掌握了这种执笔法,在执笔绘画过程中,我再进行个别指导矫正。这种执笔方法相比较传统的五指执笔法,手腕和手指都更放松,运笔会更灵活方便。同时进一步告诉学生执笔无定法,掌握了基本执笔法后,可以学习运用多种方法,根据需要灵活执笔。

四、探索法则,感悟水墨画的意境之美

第一课时学生学会基本执笔、洗笔方法,在毛边纸上通过水墨操游戏感受笔墨的浓淡干湿变化之后,第二课时开始进入学习水墨画鸟环节。

传统的水墨画教学,教师在示范画一幅鸟后,会再提供多种变式图片和资料供学生临摹或创作。因为前一节课学生通过水墨游戏已经具有对中侧锋以及浓淡干湿墨色的体验,此时教师如果提供范作势必又将教学带回教师示范、学生亦步亦趋临摹的窠臼。

是让学生像雏鸟学飞般自主探索笔墨语言,还是由教师如大鸟哺食般讲解技法规律?

本节课是"鸟"这个单元的第三课时,学生已经对鸟的造型进行过练习,上节课对水墨画的笔墨语言也有了体验,本节课的重点是否应该落脚在画面的构图和意境表达上?

我找出一本线条质量很高的线描书《鸟》,薄薄的一本大概二十几页,画面中线描表现的鸟与植物造型简洁夸张,构图留白均衡、富有诗意,很能代表水墨花鸟的审美意境。为什么不可以让学生用上节课所学的水墨画知识,自主将线描之鸟转换成水墨之鸟?想到这里,我立即将每一页图片都打印出来,考虑到要供7个班级学生使用,为了保证纸张结实耐用,又分别对图片进行剪裁、编号、封塑。

水墨画第二课时,学生按学号有序领取封塑好的参考图片后,我引导学生观察思考:鸟的哪些部位适合中锋,哪些地方适合侧锋?怎样自然画出干墨湿墨?浓淡墨的变化怎样产生?根据学生的回答,我在实物投影仪上用中侧锋简要示范勾勒、洇染鸟的局部,将更多的时间留给学生探索。

学生人手一张鸟的线描,各不相同。没有和同学的对比,也没有教师的示范,学生的

每一次落墨、每一笔线条都靠自己凭直觉和经验去摸索；细节处把笔立起来用中锋，大块面需要把笔躺下用侧锋；水多线条洇开，赶紧用面巾纸压一压；水少了顺势坚持，画出枯笔的效果，表现羽毛的质感……每个人既小心谨慎试探，又充满自信和成就感。

有模有样又个性十足的水墨鸟画好之后，我引导学生在合适的位置落款。看得出他们对自己第一次用水墨画的鸟也非常满意，问我能不能带回家，我回答等老师批改后再带回去。

线描鸟的均衡留白加上学生的水墨演绎，一幅幅水墨鸟情感充沛、天真可爱，洋溢着浓郁的诗意，美中不足的是，画面因为学生没有印章而显得略有缺憾。

怎样让印章这一形式呈现在学生作业上呢？我请人刻了两枚印章，分别刻有"真棒"和"加油"的字样，再根据作业完成的程度和质量分别印在学生姓名下方。红红的阳文印章既是激励性评价又是醒目的点缀，作品完整感顿时得到提升。同时，也让学生了解到水墨画中印章的重要作用和使用方法。学生既感受到教师对每一幅作品的关注，更感受到水墨画融诗、书、画、印为一体的意境之美。

五、课后合作，接力水墨画的工具之用

上完一个班的课，紧接着就要开始另一个班的教学，留给整理收拾的时间只有十分钟，这看似不可能的任务，在做好分工合作、统筹安排的情况下，每每也在紧张忙碌中顺利完成。

按照课前与学生达成的默契，每位学生先将毛笔在笔洗里洗涮，然后搁在桌上，将凳子放好，没轮到值日的学生即可有序离开教室。

需要提前安排好的任务：组长将毛笔收齐在两三个清水桶里分别洗涮几次，水清后重新放回桌面；如果是一天中最后一节课，则将笔挂回笔架；按学号顺序组织学生轮值收作业，统一放在讲台上；还有学生专门负责收画片、倒脏水换清水、收拾桌面废纸、扫地、倒垃圾、倒新墨、放新宣纸等工作。

我则边指导边和大家一起清洗笔洗，保证用最短的时间将整理工作完成。

学生们都很给力，在大家一起动手合作下，下课 10 分钟就把所有水杯和毛笔洗干净，画片和作业收上来，新的工具材料准备到位，用整洁的教室环境迎接下一个班级的到来。

学期结束时，在我设计的学期末问卷调查中，有一道题是"本学期你最喜欢的一节课是什么？"水墨画高居榜首，获得大多数学生的青睐。好玩有趣的水墨画鸟成为学生们美好而难忘的回忆。

这次尝试达到了预期的效果，成功地把水墨画的种子植入了学生们的心田，虽然教师比较费时费力，但看到学生的反馈评价和收获，又觉得所做的一切努力都是值得的。

灵活利用学校现有的材料组织水墨画教学，为学生第一次水墨画学习扫除了材料准备不足的障碍，在学生获得成功体验的基础上，后续的水墨画教学就可以尝试让学生自己购买全套材料。学生在学习水墨画的同时也学习如何正确携带、妥善保管水墨画工具材料。

在水墨画教学中，我还尝试过让学生购买方便墨、毛笔、镜片纸，存放在塑料小盒里的方便墨物美价廉、方便耐用，能最大限度保持教室的整洁，同时减轻家长准备美术工具材料的负担，对于偶尔学习水墨画的小学生来说不失为一个很好的选择。我将自己外出旅行时用方便墨创作的作品展示给学生，让学生明白只要心中有热爱，小小的墨块可以相伴走天涯，成为写生创作、表达情感的媒介；引导学生不仅可以在课堂上遨游水墨之间，还可以随时用它记录自己的生活。

水墨画教学要求教师做的工作琐碎而繁多，但我一直努力尝试、不断探索。记得原淮安市教育局局长张元贵说过这样一句话：

"做好校园的每件小事，就完成了培养学生的大事。"

作为美术教师的我们，做好水墨画课堂的每件小事，不也在完成传承中华优秀传统文化的大事吗？

作者：朱珂名 　　　　作者：张可昕 　　　　作者：刘欣玥

"水墨画鸟"部分学生习作

"图画文字"，汉字当家

四年级的《图画文字》一课，在一年级"想想说说画画"基础上，深化了汉字的文化内涵教学。一年级学生已在课堂上了解到日、月、山、火等字的甲骨文，初步接触过象形字。然而随后的几年，语文教材并没有再对象形字进行深入系统的教学。在《图画文字》这一课中，学生有着对中国汉字与生俱来的天然情感，具备简略的象形文字基础的同时，又不乏陌生和新鲜感，为课堂教学提供了很好的教育契机。

一、动画演绎，感受汉字魅力

新课开始，我将动画片《三十六个字》介绍给学生，这部曾获得过国际动画电影节教育片奖的动画片制作非常精良。我从中截取学生学过的"鱼""雨"两个字，唤醒学生一年级学汉字时对象形文字的记忆，让学生观察汉字在静止画面中的形态变化，欣赏柔和色彩与黑色线条的鲜明对比，感受画面营造出的简洁诗意之美。这时，我引导学生："导演徐景达先生将这三十六个字编成了有趣的故事，我们一起来看看是个什么故事？边看边留心，看你能记得多少个汉字。"

学生进入欣赏动画的环节，很快就被幽默有趣的内容所吸引，看到"夫"到了河边，没法过河，用"刀"砍"木"时不禁发出会心的微笑；当小"舟"遇到大"风"，被波涛汹涌的海"水"抛上坠下，大家跟着紧张不已；最有意思的是"夫"要将一路收留的"虎""羊""花"运到河对岸，但小"舟"载重不够，只能带一个乘客，得留两个在岸边，又要考虑其中一个不被另一个伤害，这样的逻辑推理吸引学生也皱起眉头动起脑筋来；看到聪明的"夫"分几趟将乘客们安全运送过河，学生开心地笑了……

我边看边提醒学生留意动画片里出现了哪些汉字。

视频结束后，大家踊跃举手发言，在同学们相互启发下，学生几乎记住了所有动画片中出现过的汉字。

二、字源梳理，参悟汉字玄机

动画片里活灵活现的汉字，极大地调动了学生的探究热情，我顺势出示"鱼"字的演变过程。结合图片，引导学生观察甲骨文的"鱼"身躯上有鱼鳞；金文里的"鱼"外形变化不大，只是多了两个鱼鳍和嘴下的胡须；篆文的"鱼"字形状发生了非常大的变化，鱼头分化出来，鱼尾也多了一撇一捺；近代繁体字的"鱼"字就是由此演变而来，鱼的身躯部分变成一个"田"字，可以想象成鳞片，上面的部分是鱼头和胡须，下面的四点是鱼尾；再到后来四点演变成一条长横线，就是大家常用的"鱼"字了。

接着让学生用连连看的形式猜一猜龟、虎、象等字的演变过程。

通过对汉字起源及演变过程的探究，学生们感受到汉字在祖先持续创造与改进中日臻成熟完善，它不仅是世界上最美的文字，更蕴含着深厚的生命意识与充满智慧的思维方式。

三、故事绘编，弘扬汉字文化

考虑到学生平时接触汉字演变过程的机会比较少，为了帮助学生深入领悟汉字内涵，活用汉字文化，我决定进一步深化巩固他们对象形字的印象。

我在黑板上用粉笔侧锋卧笔和中锋单线分别写了两个"夫"字，让学生比较哪一个好看，说一说为什么。学生发现在表现汉字的象形美时，线条圆润流畅、有粗细变化且具有一定的厚度，不单薄才更有韵味。

出于让汉字文化"活"在当下的想法，我设计了这样的课堂作业：用不少于 15 个象形文字自编一个故事。在课堂教学呈现的汉字之外，我又搜集了一些象形字给学生参考，学生也可以自己创造。

作业数量的明确要求，图片资料的提供参照，故事创编的发挥空间，让学生完成作业的过程水到渠成，教室里洋溢着学生专注投入、趣味盎然的作画气氛。

从作业效果看，基本上每一名学生都完成了任务，以象形文字编的故事情节截然不同，画面构图饱满，内容生动。还有学生编画一页没过瘾，又画第二页、第三页，画成了故事连载。

许慎言："盖文字者，经艺之本，王政之始，前人所以垂古，后人所以识古。"汉字融在每个中国人的血脉里，它凝聚民族智慧，镌刻文明密码，是承载着文化自信的浩瀚星河。从学生的兴趣出发，依据他们的年龄特点和认知规律，引导他们感受汉字魅力、参悟汉字玄机、创编汉字故事，了解汉字、热爱汉字，深化对汉字文化的认知和情感认同。这种跨学科教学策略，既能提升学生美术核心素养，又能成为语文课程的有益补充，同时激发了学生创意灵感与文化自豪感，可谓一举多得。

<<< 第二章　如何让美术课堂更有趣

作者：杨坤铭 　　　　作者：毛一马 　　　　　作者：周雨轩

"图画文字"部分学生习作

让彩塑立起来

紫砂泥作为立体造型训练的重要材料,以它的可塑性、材料的易得性,在少儿美术教学中占有举足轻重的地位,是深受师生和家长欢迎的少儿美术活动项目。但紫砂泥作品干燥后脆弱易碎,保存尤为困难。超轻黏土、太空泥等塑型材料的出现,为学生体验立体造型艺术增添了更多选择,它们具有色彩多样、轻便易存的优点,成为黏土教学的有益补充和拓展。

但在教学中我们发现,因为超轻黏土材质轻软,支撑不住大的体块,无法向更大的空间伸展,只适合制作小巧精细的作品,制作的人物则大多是"网红Q版"的萌娃,美则美矣,却失去了本真的生命魅力,限制了学生天马行空想象力和原创精神的发挥。

2019年我和两位同事赴苏州参观全国美育工作坊成果展,其中广东的赵树青老师带领中学生制作的人物彩塑,让我眼前一亮。那些充满生命力、高约20厘米的雕塑作品正是学生用超轻黏土制作的,与普通超轻黏土作品不同的是,所有作品都由事先做好的骨架做支撑,比普通超轻黏土作品大得多,显得更自由奔放,极具视觉冲击力。完美解决了超轻黏土作品因质地轻软无法站立的问题。

这样精彩的彩塑形式是否适合小学,能否在小学阶段实施呢?我问自己,也联想起多年前的探索。2014年,我带领学生尝试过用铁丝做骨架,超轻黏土覆盖和锡箔纸包裹的形式,学习雕塑大师贾科梅迪制作立体瘦削的人,体验人物造型细长而夸张的独特视觉效果,领悟倾注深刻情感才能为雕塑赋予灵魂的创作真谛。2018年,又带领学生尝试用铁丝缠绕做成骨架,制作鸟与家禽,将鸟的造型从平面走向立体,极大地调动了学生的创作激情,为学生开拓了全新的三维艺术空间。如何更深入开发适合儿童创作的超轻黏土课程?这个问题一直萦绕在我的脑海,让我在教学中不断地实践与思考。

一、借力合作,开启探究之旅

观摩全国美育工作坊之后,我关注了骨架彩塑公众号,与赵老师在线上沟通交流。我了解到毕业于广州美院雕塑系的赵老师,在东莞市一所普通中学任教,多年前就尝试将院校的雕塑课程融入初中教学。他试验过浮雕、硅胶、油泥雕塑等种种材料,但这些材料因为成本高、周期长、技法难度大而难以普及。经过不懈努力,他最终找到超轻黏土依附骨架这种"彩、塑"合一的创作形式。这种形式具有耗时短、出效快、成本低的特点,制作过程一气呵成、不抠不磨,是作品极具艺术感染力的"速写型立体艺术形式"。

我认真分析了骨架彩塑在小学美术课堂实施的可行性,小学生手腕和手指肌肉尚不发达,在捏、塑、色综合体验过程中还欠精确,由此生发的偶然效果,恰恰彰显了儿童纯朴天真的率性美。以赵老师的骨架彩塑为契机,加上之前已有借助骨架制作雕塑的经验,在校领导的鼓励支持下,我校成为赵树青老师骨架彩塑工作室的首批合作校,开始立体彩塑的研究与教学。

二、合力共研,潜心发掘材料

超轻黏土能立起来的关键是骨架。骨架就像人的骨骼一样,起着支撑和连接的作用,它是塑形的基础条件。

美术组教师们一起分析讨论材料开发的可行性,发表各自的见解。我们对能找到的有限视频进行学习研究,从身边的材料一样样试起,饮料瓶、铁丝,再到铜丝、一次性纸杯、包装纸盒,我们不懈寻找易操作、成本低、安全度高、支撑性强的材料。力求满足以下标准:1.骨架要牢固、稳定,确保塑形时不倾斜、倒塌;2.塑形后不变形,不露出骨架。

除了寻找合适的支撑材料,底座也由赵老师作品的木头底座改成厚薄不等的蜂窝纸板,既能平稳固定铁丝,又进一步降低了制作难度和成本,为在课堂教学中普及骨架彩塑奠定了物质基础。

三、协力攻坚,展现戏曲风采

2020年9月,淮安市开展美术优课展示活动,经过学校集团的层层选拔,长征校区张妍老师凭借扎实过硬的专业素养、高效严谨的教学设计、鲜活灵动的课堂组织脱颖而出,代表学校参加市级优课展示。执教五年级的张老师决定选《看戏》一课进行展示,在作业形式的选择上,大家不约而同地建议用骨架彩塑的形式,而地方戏曲成为作业展示环节中的首选。

爱钻研的张老师一头扎入对家乡淮海戏的研究中,梳理出淮海戏的发展脉络、经典曲目艺术特色、人物扮相特点等背景资料。为了浸入式感受淮海戏的魅力,我们前往淮海剧团拜访淮海戏表演艺术家、梅花奖得主许亚玲老师,有幸现场感受淮海戏的演出氛围、了解戏曲服饰的相关知识,并在许老师的热情帮助下带回不同行当的精美戏服进行深入研究。

彩泥、骨架与底座准备好之后,开始对淮海戏的戏曲人物造型一步步进行塑型创作。张老师尝试先在动态骨架上裹上一层彩泥,用手按紧以加固骨架,接着根据戏曲人物造型添加服装、衣裙彩泥片,每添一块彩泥都要照顾到各个视角之间的关系,需要转动雕塑,不断观察比较。从内而外、从上而下,兼顾细节;在头部、身体服装等基本完成之后,又以彩泥点、线塑加装饰和道具,充分体现局部与整体的和谐关系。琳琅满目的头饰、轻盈飘动的水袖、举手投足的动态,随着或点或线或薄薄彩泥片的添加,戏曲人物的曼妙形象一点点呈现出来,没有固定模式,不受传统技法束缚的淮海戏人物形象,因为老师们的乡土文化情怀"入眼"更"入心"。

学生制作的淮海戏曲人物

从骨架的缠绕到躯干的动态,再到服饰的捏制,头饰、细节的制作,一丝不苟反复尝试,直到每一个环节都操作娴熟、了然于心后,张老师开始有重点地录制微课。录制结束后,张老师再反复进行课堂教学环节的打磨,最终以新颖独特的课堂教学、生动别致的作业形式在市优课展示活动中获得好评。

四、全力推广,积极融入课堂

从公开课演绎到社团精练,最终的目标还是要落在常规课堂,使彩塑成为更多学生表达"自我感受"的立体艺术课程。我积极寻找在日常教学中践行骨架彩塑的契机。教学《买菜》一课时,我拿定了主意。

《买菜》是苏少版美术教材六年级上册第一单元"植物、蔬菜系列"的最后一课,经过前几节课的学习,学生基本掌握了蔬菜的画法,大致了解了表现蔬菜的色彩、质感、明暗等视觉语言及组合、比例、节奏等形式规律。人物与环境的塑造是《买菜》这节课的重难点。以往的课堂作业都是以二维平面的绘制为主、综合材料增添浮雕效果为辅,这次我决定带领学生用骨架彩塑进行课堂练习。

骨架彩塑第一步是要准备长短合适的铁丝,稍长一截做身体,短一点的做胳膊。全年级两百多人,每人两截,就需要四百多截铁丝,让学生们自己去买,既不方便,也不经济。我决定为每名学生准备两截铁丝,跟平面绘画比起来,这无疑是个占据大量时间和精力的"浩大工程"。怎么办？学生自己的事应该自己办,为了节约时间、锻炼学生,我在每班邀请四名学生当小助手,指导他们提前剪好每个班级所需要的铁丝。为防止铁丝顶端锋利伤到手,每截铁丝的两头再用老虎钳卷曲起来。小助手们都很给力,第一次用老虎钳为班级同学拧铁丝,既新鲜又有种"我很能干"的自豪感。在课堂上我通过屏幕把他们劳动的身影展示出来,引导学生用掌声向他们的默默付出表达感谢。

进入操作环节,学生们在观察我缠绕人物躯干的方法后,互相讨论还可以用什么方法进行躯干缠绕,只要人物比例基本准确,骨架牢固、稳定、姿态生动,自己可以创造不同的缠绕方法。

等到学生开始制作时,五花八门的人物造型从他们手中呼之欲出:活泼好动的学生将铁丝弯折出不羁的动态,心思细腻的学生捏塑出生动的细节,色彩敏感的学生搭配出鲜明的色调……买菜众生相更是让人目不暇接,有站着的,有坐着的;有的穿着时尚的服装;有的挎着装满菜的塑料袋;有的悠闲跷着二郎腿,面前摆着菜篮;有的坐在菜摊后面热情地打着招呼;有的穿戴整齐像个绅士;有孩子牵着妈妈衣角逛菜场;还有的男孩子难舍心中英雄情结,买菜者秒变蜘蛛侠,于是吸引各路英雄齐聚菜场,人间烟火与侠客传奇瞬间结合……每一件作品的原创唯一性,带给学生们无尽的新奇与惊喜。虽然学生的作品不够完美,在作品的生动性、饱满度和放松感等方面还有提升的空间,但他们强调自我感受而生成的情感表达已经足以让人产生共鸣与感动。

部分学生作品《买菜》

在执教五年级《非洲雕塑》一课时,我也引导学生用纸杯、弹簧与超轻黏土进行了尝试。有两位五年级女孩更是直接在骨架上用泥片成型法,制作了一件仰望天空、造型夸张的非洲女孩雕塑,加上浅棕色调的搭配,真是精彩至极,让人爱不释手,这是缺少内部骨架的普通彩塑无法达到的艺术感染力。

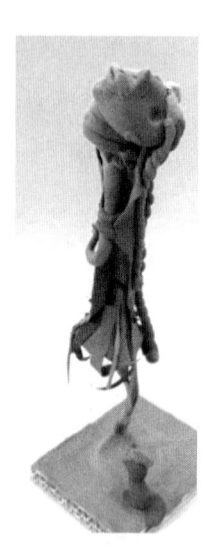

非洲雕刻　作者：周树娴　张可爱

  快乐的骨架彩塑实践，成为学生将精彩生活和创意表达注入心灵记忆的旅程，也成为他们展示认知能力、情感世界的窗口。尹少淳教授曾对赵老师的骨架彩塑做过这样的评价："骨架彩塑能适应基础教育的环境。它可以缩短和简化创作的过程，降低难度，有效地完成创作活动。用一个比喻，就像让学生将精细的、生硬的'素描'雕塑作业，转变到简约的、生动的'速写'雕塑作业，从而使学生始终保持一种旺盛的学习和创作状态。"

  让彩塑立起来，让学生体验艺术的空间宽广起来，学生在无拘无束的创作中获得了独特的情感表现力，真正实现"脑的创意、心的专一、眼的专注、手的体验"，从而促进身心和人格健康发展。

我是一只小小鸟

《我是一只小小鸟》是苏少版美术四年级下册的教学内容,与《鸟与家禽》《水墨画鸟》《鸟的纹样》形成一个单元,围绕鸟进行欣赏、体验、探究表达。通过前几节课对鸟的认知与绘画,学生掌握了鸟的基本造型特点;本课则将立体制作和情境表演相结合,学习将生活中的各种废旧材料巧妙组合,学生在做做、演演中感受身体与空间、形状的关系,体验团队协作与角色演绎的艺术乐趣。

儿童美术教育家罗恩·菲德把儿童美术的发展分为六个阶段,9—11岁学生正处于样式化阶段,是儿童绘画发展中具有戏剧化发展的时期,也是学生伙伴意识萌发的时期。"我是一只小小鸟"从最初的设计、制作道具到台词创作再到最后的小品表演,都以小组形式进行,契合了本年龄段学生的发展特点。他们与低年级学生相比具有比较强的自主探究能力,并且有着强烈的好奇心与一定的动手操作能力。他们喜欢在游戏中学、做中学、想中学、用中学。基于此,我设计了以下教学环节:

一、创设故事情境,引入学习主题

愉快的学习需要自由开放的气氛,设计学生喜爱的情景表演,创设趣味问答,能激发学生主动参与的热情。

新课以精卫填海的故事导入:在中国的上古神话中有个炎帝,他的女儿女娃有一天在海边玩耍,不幸落水身亡,后来化作精卫鸟,每天衔着石子往大海里投,想把大海填平,为自己报仇雪恨。直到今天,她还在不断地做着这件事。瞧,她飞来了。(一名学生扮演精卫鸟扇动翅膀进入教室)

接着,我启发学生互动:"如果你们是大海,做了对不起精卫的事,想对她说什么?"学生即兴扮演大海,真诚向精卫道歉,浪花与善解人意的精卫鸟尽释前嫌,成了好朋友。

接着我告诉大家:"海洋和森林一样被称为地球之肺,而鸟类是一种和人类生活习性最相近的脊椎动物,一个地方生存着鸟,那个地方的生态环境一定很好。所以人们都希望有鸟儿作伴。"然后顺势揭示课题:"今天,我们就学习如何将自己装扮成一只小小鸟。"

精卫填海是学生四年级语文课外阅读故事,从学生熟悉的故事情境出发,营造了自由开放的学习氛围,精卫故事的改编表演,也为后面小组创编表演埋下伏笔。

二、情境引出问题,激发探究兴趣

为了有效增强小组凝聚力,激发学生的参与意识,我接着邀请各小组亮出团队口号:"同学们上节课分了组,讨论选出了每个组想做的鸟,还设计了团队口号,让我们一起听一听,哪个组的声音最响亮!"学生分组整齐喊出动感口号,教室气氛顿时高涨起来。

接着,我采访扮演精卫鸟的学生是如何装扮自己的,由精卫鸟扮演者和同学们展开伙伴间学习。

精卫鸟:"首先请同学们看一下我用了哪些材料。"

有趣的形式吸引学生争相发言,我顺势询问每个组分别收集了哪些材料。学生分小组汇报,我根据汇报板书各种材料,引导学生认识材料有厚、薄以及肌理的不同。

精卫鸟:"第二个问题,请同学们看看,我重点装扮了什么部位。"

学生根据问题提示,观察精卫鸟和课件,比较不同部位的不同装扮。

精卫鸟:"第三个问题,请同学们看看这些部位分别用了哪些制作方法。"

我根据学生的回答进行板书:剪、卷、折、粘。

让故事中"精卫鸟"与学生的互动代替我的讲解,学生在富有趣味的情境中逐步探索,不知不觉中获得装扮鸟需要的三个要素;这种教学方式不仅激发了学生的好奇心,还有助于培养学生主动探究的思维品质。

三、强化交流合作,联合攻克难题

知识分为程序性知识和陈述性知识,程序性知识可以让学生通过多元丰富的活动逐步探索,而黏接牢固度和所需时间等属于陈述性知识,直接介绍可以留给学生更多的学习时间和思考空间。

(一)师生互动,探究鸟的头饰制作

我引导学生通过观察发现精卫鸟头饰的制作方法:先做一个头箍,再加上用不同材料做的羽毛。我告诉学生做鸟头的方法还有很多,并局部示范:用不织布或卡纸根据头围做出头箍后,再用卡纸剪出两个做嘴巴的长三角形。分别在中间折叠一下,请学生与我合作将鸟嘴固定在头箍上。黏接固定的工具一般有三种:胶水、订书机、双面胶。用哪一种工具比较好呢?因为学生缺乏这方面的生活经验,我用课件出示了不同工具黏接的牢固程度与所需时间供学生选择。

学生比较之后选择订书机,并帮助我顺利将鸟嘴固定在头箍上。

固定好三角形的鸟嘴后,我进一步引导学生探究:鸟嘴是带弧度的,像老鹰、鹦鹉等,该怎么表现呢?

学生讨论思考后,联想到折纸转折处的折法:在鸟嘴的转折处斜着剪一刀,折叠一下,鸟的上喙就弯曲下来了,再用双面胶或胶水固定。

我接着出示多种鸟头及嘴巴的做法,供学生进行比较,激发联想:除了用卡纸做嘴巴,还可以将牛皮纸折叠、添加,套在头上做鸟头。学生进一步发现变一变、挖一挖等制作鸟头的方法。

(二) 自主学习,探究羽毛制作

每只鸟都有美丽的羽毛,羽毛的制作方法有哪些呢?我播放提前录制的微视频,让学生自主学习羽毛的具体制作方法,将白色柔软材料如塑料袋重叠,尝试剪出单个羽毛,然后在小组内进行评价与改进,并进行合作组装。

引导学生思考:除了先做多个单片羽毛进行组合,还有哪些方法制作羽毛或翅膀?学生思考后回答可以直接剪出覆盖胳膊的两片翅膀等。

接着小组讨论:做怎样的翅膀或羽毛?可以用上哪些材料和方法?怎样搭配色彩?

(三) 分工合作,探究身体制作

了解了翅膀制作方法后,我继续引导学生思考鸟的身体该怎么做。学生发现普通的小鸟可以像精卫用卫衣直接代替身体,添加上羽毛、嘴巴和脚即可。但身体比较大的鸵鸟和老鹰,可以选用什么材料来装扮身体?学生观察课件总结出"代一代""加一加""反一反""变一变"等制作方法。

这时,我拿出一个纸箱,问学生如果用纸箱制作鸵鸟的身体,有没有好办法能既安全又省力地挖洞?并让学生进行大胆尝试,并总结出正确的切割方法。

(四) 齐心协力,探究组装固定

完成了鸟类各部位制作方法的探究后,我问学生:"装扮一只鸟需要做头部、羽毛、翅膀、身体、组装等,这么多任务光靠一个人做行不行?"学生都表示要人人动手,合理分工。于是各小组讨论并填写好任务清单。

每个组的鸟因为所用材料各不相同,遇到了很多平时生活中没碰到过的问题。大家通过热烈讨论、分工合作,克服了各种困难,陆续完成了局部制作。如何把它们固定到扮演鸟的同学身上呢?我启发学生思考:用刚才我们用到的工具(订书机、手工胶水、双面胶)适合吗?显然都不合适,那么可以用哪些工具来固定呢?每个小组充分发挥想象,有的说用绳子扣,有的说用夹子夹……创造性地想出了很多解决办法。

学生通过探究、创造鸟的各部位制作方法,不仅完成从材料到艺术形象的转化过程,更在实践中完成认知重构和生命体验的双重升华。学生体验平时做不到的事情,在投入情境的过程中建构起新知识,最终达成艺术表达能力与社会适应能力的协同发展。

四、渗透环保理念,提升综合素养

最终各组制作的孔雀、老鹰、乌鸦、天鹅等在表演中大放异彩,赢得了学生们的阵阵掌声,为学生们带来成功的喜悦,也将课堂气氛推向高潮。

在鸟的道具制作和表演过程中,组内同学各司其职。学生在做做演演中调动了视觉、触觉、听觉、动觉,多感官体验身体与空间、形状的关系,丰富了肢体感受,释放了表演天性,从学会知识,走向学会探究、学会合作、学会表达。

本课学习自始至终与环保紧密相连,学生通过护鸟口号、鸟的装扮、鸟的表演深入探究鸟的世界,沉浸式体验鸟的生存状态,在情境演绎中深化生态保护意识。这种具身认知模式引导学生感知材质之美、自然之趣、护鸟之情,拓展学生的美术视域,更在问题解决过程中推动了学生艺术素养与人文精神的双向提升。

第三章

美术教育还能带给学生什么

随着课程改革的持续深化,我校积极建构多元社团活动体系。2013年正式创立"幸福涂图"美术社团。

本章梳理甄选了十余年来"幸福涂图"美术社团活动的经典案例。在活动具体实施过程中,教师们集思广益、统筹策划,再根据需要进行分工、确定指导老师,方案的制定和实施凝聚了美术组全体教师的共同智慧。通过"幸福涂图"社团活动的有序开展,我们清晰地看到社团建设促进了学生感知交往之快乐、共赏协作之美妙、体会实践之乐趣、体悟成长之愉悦。

"幸福涂图"美术社团历年指导老师(按时间顺序):

王红燕	周红叶	贾建枚	李晓慧	刘　静	刘　慧
陈　朋	罗玉荣	王天翼	何庆艳	周　璇	严素雅
张　妍	朱也白	朱　丹	嵇静妍		

玩美空间

——给学生一片天地

> 翻开小学生的美术作业本,你的眼前呈现出一幅幅童趣盎然的画作,每幅作品都凝聚着学生对绘画主题的理解与独特表达,彰显着学生不同的个性,也折射出教师对教学内容的把握和引导。这种沿袭多年的美术作业形式为师生所熟悉和认同,也是短暂的课堂教学留下的踏实步履。

伴随着现代美术的迅猛发展与学生认知场域的演变,新课标明确要求教师需指导学生运用多元媒材进行多样化艺术表达。传统二维创作形式正遭遇多维突破的诉求:如何引导学生在立体空间中构建审美思维,打破平面表达的思维定式?

2012年的"六一"美术作品展,我们决定尝试对展出空间进行拓展与改变。美术组所有教师一起考察校园里哪些地方适合展示美术作品:空旷安静的一楼大厅顶部、高大肃立的承重立柱、整洁草坪中的石板小径……经过头脑风暴式的思维共振,我们确立了平面加立体的多元空间展示形式:保留部分展板的平面作品、添加空中悬挂作品。进而确立了"伞花朵朵""大型人物""彩蛋串串""纸箱装置"等创作形式。

本着环保节约的原则,除了添置必要的工具材料,教师们有的从家里带来闲置的牛皮纸长卷,有的带来废弃的羽毛球、塑料袋。利用课间和午休时间,每位教师带领三五个学生,在办公室或专用教室,满腔热情地投入崭新的创作中。

伞花朵朵

伞是常见的生活用品,在烈日或暴雨中为人们遮阳挡雨。用伞做画布,改变在平面作画的习惯,当学生用丙烯颜料在伞面上绘制花纹或图案时,感受到了色彩和线条的自由灵动,领略到全新的创作体验。

工具材料:红色或透明伞若干、丙烯颜料、水粉笔、不锈钢小盆、涮笔桶等。

步骤建议:

一、想一想

你见过什么样的伞?伞上有哪些好看的花纹和颜色让你难忘?为什么?如果让你

设计一把伞的花纹,你最想画什么?

二、看一看

欣赏艺术家设计的伞、有创意的伞,分析线条的疏密节奏、色彩的深浅冷暖、构图的对称均衡。小组合作设计草稿。

三、试一试

1. 构思好花纹与色彩,用记号笔或铅笔在伞面起稿,画出大致外形。

2. 在小不锈钢盆里调好所需的丙烯颜料呈奶油状,尽量一次性调足,涂完一种颜料后及时清洗,再调另一种颜色。

注:蘸过丙烯颜料的毛笔、调色盘若不及时清洗,干后凝固成固体,清洗不掉就无法再使用,所以要提醒学生养成及时清洗的好习惯。

3. 待颜料干后,根据整体效果的需要,用点、线、面进行调整装饰。

4. 将作品摆放或悬挂在校园合适的位置,具有醒目、活泼的视觉美感。

伞花朵朵　部分学生作品

大型人物

人物画是学生画笔下经常出现的题材,他们画的人物形象有着天然去雕琢的天真气息。将学生创作的线描人物放大数倍,辅以点线面的黑白灰处理、羽毛球等废旧材料的半立体装饰,营造出强烈的视觉冲击力。

工具材料: 线描人物画资料、250克以上的牛皮纸长卷数米(根据需要剪裁)、粗细记号笔、油画棒、羽毛球、塑料袋、旧报纸等废旧材料。

步骤建议:

一、说一说

观察与讨论人物的头身比例以及坐、立、行、蹲的规律与特点。

二、看一看

欣赏多幅优秀儿童线描人物作品,观察、分析作品中的黑白灰效果,以及线条的疏密、明暗、繁简等对比关系。

三、想一想

讨论思考:怎样的人物形象更生动更富有生机?主体人物与背景有怎样的呼应和关联?参考资料,设计自己喜欢的人物形象并设计草稿。

四、试一试

1. 用铅笔在竖构图的牛皮纸长卷上确定人物的高度与大致比例,注意构图适当留白。

2. 画出主体人物,用点、线、面逐步丰富各部分细节,形成疏密、繁简的对比关系。

3. 添画背景,用单色油画棒勾勒线条衬托主体人物,突出主体形象。

4. 根据画面需要,灵活运用实物粘贴进行背景装饰,产生丰富的肌理感与三维立体效果。如将废旧羽毛球剪开粘贴、旧报纸折成纸飞机融入画面等。

大型人物创作　作者:齐心悦　　　作者:庄言　　　作者:解居正

纸箱装置

与常规展板布置的美术作品相比,用纸箱展示的学生作品形成了360度观看空间,具有"移步换景"的神秘感,激发观看者一探究竟的好奇心,产生与普通展板完全不同的视觉效果。

工具材料:

大小不同的纸箱若干个、素描纸、油画棒、水彩笔、乳胶或海绵胶。

步骤建议:

一、看一看

欣赏主题性儿童画、线描作品,启发学生创作灵感。

二、想一想

小组讨论思考,为每个纸箱设计不同的创作主题,如奇幻梦境、印度风情、醉美青花、快乐假期等,并设计草图。

三、试一试

1. 根据收集的纸箱大小裁好素描纸,分组根据主题用记号笔或彩笔在素描纸上画出图案。

2. 细致描绘,丰富画面层次,每个纸箱上的作品在统一的主题下,注意色调、造型、线条节奏的变化,形成对比关系。

3. 用乳胶或海绵胶将作品平整粘贴到纸箱上,放置在校园的合适位置,四周留有一定的观看空间。

纸箱装置 部分学生作品

展厅　学生部分作品

　　出于对展厅整体布置效果的考虑,教师们购置了大小不同的白色泡沫蛋和泡沫球,由学生们自由发挥画上喜欢的图案,穿成一串串色彩斑斓的彩蛋,为朵朵伞花配上活泼的点缀。全新的创作过程和展出空间深受学生们喜爱,这一方天地成为学生们用自己的双手打造的艺术殿堂。

玩美视觉

——展学生一份创意

> 毕加索说过："我在十四岁时就能画得像拉斐尔那么好,但我用一生的时间学习像儿童那样绘画。"玩是儿童生活的主题,他们爱玩闹、玩乐、玩赏,他们从不去刻意追求艺术表达,只是在画画中寻找快乐,或者把自己的快乐放进画中。他们总是把画画当玩一样快乐和认真地对待,正是这样的松弛感,使没有专业训练痕迹的儿童画充满无限创意。

为了更好地激发、呵护学生的创意,2013年的"六一"展出,我们试图提供给学生更丰富的美术创作形式,涉猎了民间扎染、色彩累积、沙瓶彩绘、砂纸创作、衍纸手工等多个活动项目。同时提供了20余米的空白素描纸长卷,供现场参观的学生即兴表达所感所想,邀请更多的学生参与艺术创作,获得展出个性创意的机会。

缤纷扎染

扎染是我国民间传统的染色工艺,折射着独特的民俗风情和审美情趣。由于捆扎方法以及时间、染料、水分的变化,使得每一件扎染作品都具有唯一性,每次完成的作品都带给人们不一样的惊喜。我们带领社团学生煮染大块布料、冷染个性T恤,在班级普及染纸教学,将学生的个性汗衫展示在网墙上,将绚丽的染纸裱贴在手作灯笼上,让学生的无限创意得到充分展现。更重要的是,在一次次亲手创作扎染作品的过程中,学生理解民间艺人通过扎染装扮生活、表达对美好生活的向往;习得解决问题所必备的做事条理性、应对突发状况的灵活性以及思维的发散性。

工具材料:

民间扎染视频、图片;白色T恤;冷染染料、塑料纸或蜡纸;橡皮筋、一次性手套、剪刀、吹风机等。

步骤建议:

一、看一看

1. 观看民间扎染视频,初步了解扎染的种类及特点。
2. 欣赏扎染汗衫作品,了解冷染汗衫的图案制作方法和步骤。

二、想一想

思考、讨论如果给自己设计一件汗衫，最想设计什么图案。可设计出草图。

三、试一试

1. 在汗衫上用铅笔大致画出设计的图案，抓起相应的汗衫部位，用橡皮筋捆住。
2. 在要上色的汗衫范围里面铺上塑料纸或蜡纸，防止染料渗透到衣服另一面。
3. 选择自己喜欢的冷染颜色滴染在需要的位置，注意色调的统一与变化。
4. 用电吹风吹干后，剪掉橡皮筋，展开熨平。
5. 整理收拾工具。

充满个性和手作感的汗衫如何展示让教师们煞费苦心，最终选择了大家都满意的展出形式：用有趣的稻草人当汗衫模特，既个性十足又散发着浓郁的民间乡土气息。

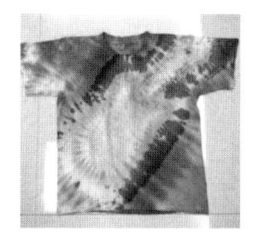

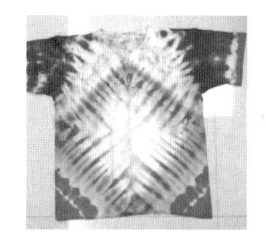

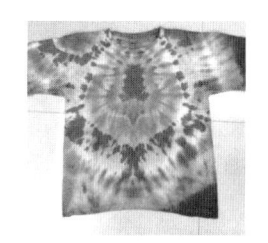

缤纷扎染　部分学生作品

彩绘沙瓶

在日常生活中，经常可以看到很多造型独特的瓶子，丢弃了很可惜，能不能通过学生的创意制作变废为宝呢？教师们经过讨论研究，选择了指导学生直接彩绘和沙瓶彩绘两种创作形式。用沙子覆盖旧瓶，并在其上进行彩绘装饰，使普普通通的瓶子耀眼夺目、焕发生机。为学生提供了巧用媒材、变废为宝的鲜活案例，培养了学生灵活运用多种媒材进行创作的能力。同时启发学生从小事做起，为环保尽自己的一份绵薄之力。

工具材料：彩绘瓶图片；各种瓶子（玻璃、陶瓷）；白乳胶、水粉或丙烯颜料、建筑用细沙；毛笔、不锈钢小盆、洗笔桶等。

步骤建议：

一、说一说

你的家里有空瓶子吗？通常是怎么处理它们的？你见过哪些漂亮的瓶子？怎样给瓶子大变身？

二、看一看

欣赏优秀装饰瓶的色彩与花纹，以及圆柱形构图特点；了解普通彩绘和沙瓶彩绘的不同步骤，触摸并感受其不同的肌理与质感。讨论：你想为瓶子设计怎样的图案？可绘制草图。

三、试一试

1. 在洁净瓶子的瓶身上均匀地涂上一层白乳胶。

2. 把细沙均匀粘在瓶身上。

3. 放置一段时间，待白乳胶、细沙完全干后，在瓶身上用颜料画自己设计好的图案，颜料尽量少加水，以便能覆盖细沙。

4. 细致刻画，调整完成作品。

5. 待颜料干后，根据需要可以涂上一层清漆以增加光泽度，也可以保留原来的色彩效果。

经过学生们的巧手装扮，一个个美轮美奂的彩绘瓶横空出世。为了凸显彩绘瓶的靓丽色彩，教师们特地搭建了一方展台，用灰色布与深藏青色扎染布做底，衬托出彩瓶的多姿多彩。

玩美视觉　展出实景图

玩美童年

——还学生一派童真

> "池塘边的榕树上,知了在声声叫着夏天,操场边的秋千上,只有蝴蝶停在上面。"这是童年时代等待游戏的蝴蝶。"昔者庄周梦为胡蝶,栩栩然胡蝶也,不知周之梦为胡蝶,胡蝶之梦为周与。"这是庄周梦中翩然,醒后悟化的蝴蝶。古往今来,蝴蝶带给人们无数美好的意象和浪漫的遐想。

前两年的"六一"展出获得校领导的肯定与全校师生的好评,坚定了我们开发创意美术活动、培养学生综合探究能力的决心。怎样让学生零碎的时间更集中,让创意美术活动常态化,让更多热爱美术的学生参与其中?出于以上考虑,美术社团应运而生。社团建设成为教师关注的重点,我们首先通过招募海报在三至五年级招募、选拔社团成员,在社团成立初期设置小社长、摄影师、小记者等岗位,每周三召开小社长会议,定时间定地点定计划,促进社团建设的同时增强学生自我管理能力。社团的便利条件点燃了师生的创作热情,足有半人高的布艺蝴蝶、纸艺花朵,相继在学生的手中诞生;数米长的白色布匹上,学生们以手臂旋转出柔美花朵。学生们在社团寻找到归属感,童年的艺术灵感在这里如蝶飞、花舞……

蝶飞花舞

布艺蝴蝶的灵感来自教师们集体赴南京参观南艺毕业展,展厅中翩然的蝴蝶一如学生的浪漫童年,让教师们念念不忘。纸艺、布面花朵则由蝴蝶引申而来。然而要将艺术院校的专业创作,迁移为儿童的手工制作,有很多环节需要教师的智慧变通。从骨架制作到蝴蝶翅膀花色,从布匹剪裁到缝制黏接,一个个环节既新鲜又富有挑战性。虽然困难重重,也阻挡不住社团师生的创作热情,在大家共同努力下,蝶飞花舞的唯美意象以一场空中视觉盛宴呈现在全校师生眼前。

工具材料:

色彩鲜艳且有特色的各种花布、彩色透明网纱;铁丝若干、钳子、针线、热熔胶等。

步骤建议：

一、看一看

欣赏蝴蝶的造型与花纹，说一说自己知道哪些与蝴蝶相关的知识、故事。分析、了解布艺蝴蝶的制作方法和步骤。

二、想一想

三至五人进行小组合作，讨论蝴蝶造型与花纹，选择合适布料，绘制草图，制定创作方案。

三、试一试

1. 学生在教师协助下，用铁丝分别制作出蝴蝶的身体和翅膀，并进行组装固定，注意对称性和牢固性。

2. 根据骨架大小量出选择好的布料，预留出缝接的布边，进行剪裁。

3. 根据需要为蝴蝶设计花纹，剪下花纹后的空白处用彩色网纱填缝。

4. 用小夹子将花布暂时固定在铁丝骨架上，用针线或热熔胶、订书钉等工具将布缝接、粘贴在骨架上。粘牢后，拿掉辅助的小夹子。

5. 调整细节，完成作品。可将蝴蝶悬挂空中或装饰在美术教室里。

制作过程中，学生非常投入，每组都有自己的想法，他们积极尝试、合作探究，不断吸取教训、总结经验，终于按最初的设想完成了制作。看着镜头中孩子们手持蝴蝶的笑颜，亦给人一种孩子即蝴蝶，蝴蝶即孩子的奇幻感受。蝶飞花舞，人蝶共美，此时教师们心里也是美美的。

花儿朵朵

翩翩蝴蝶已然成型，还需要美丽的花朵才能营造出蝶飞花舞的审美意象。一米见方的大蝴蝶，当然得有与之相应的大花朵。学生在已有的折扇子经验基础上，用加厚皱纹纸折叠、剪制出同色系大小不同的彩色花朵，悬挂在蝴蝶之间，花与蝴蝶相映成趣，既是花样童年的美妙注脚，也是翩然梦境的迁想写照。

工具材料：

不同色系的彩色加厚皱纹纸若干组；铁丝，剪刀，硬纸板等。

步骤建议：

一、说一说

蝴蝶喜欢飞在什么地方？你认识什么花？它们长什么样？

你会做纸花吗？用什么方法做的？皱纹纸有什么特点？

二、看一看

欣赏教师范作,拆解制作步骤,讨论如何搭配色彩更好看。注意花朵的整体色调和谐以及与其他花朵的对比关系,避免重复。

三、试一试

1. 选择四到五张同一色系彩色皱纹纸做花瓣,一到两张对比色皱纹纸做花心,由小到大剪出需要的尺寸,从花心到外围逐渐增大。

2. 将剪裁好的皱纹纸用折扇法进行折叠,按从小到大的顺序从上到下叠放整齐。

3. 用铁丝从叠好的皱纹纸中间部位捆扎,然后一层层打开折痕,整理花瓣。

4. 整理完成后,将最下层的大花瓣用热熔胶固定在圆形硬纸板上,以便悬挂时保持花型。

5. 欣赏评述,交流创作感悟,总结制作过程中的问题与解决方法;对亲手制作的蝶飞花舞情境进行审美表达与联想。

花儿朵朵　部分学生作品

脸部彩绘

"外国人把那京戏叫作 Beijing Opera,没见过那五色油彩就往脸上画……"脸谱是京剧艺术的灵魂,具有独特的审美价值。它和国外节日脸部彩绘一起出现在小学美术课本里。怎样让画脸艺术由舞台、大型节日表演走入日常生活,让更多的学生感受其独特魅力?借由社团秀的平台,2014 年社团学生们开展了别开生面的校园画脸活动。

美术教师提前购买了专用脸部彩绘颜料,小社长带领高年级团员进行反复试验和练习,直到每位小画师都掌握了娴熟的绘制技法,并练就了自己的拿手图案,确保在短时间内完成设计与绘制。低年级学生则帮助整理颜料、搬运桌凳、维持秩序,做好后勤服务工作。一切准备就绪,六一儿童节这天,"幸福涂图"社团的画脸摊位前很快排成了长龙,只见小画师们胸有成竹,专注而耐心地设计、描绘,一张张生动传神的脸部彩绘很快新鲜出炉,被画的学生心满意足、笑逐颜开,将一脸的欢乐洒满校园。年轻教师们也忍不住童心大发,前来请小画师们挥洒创意,将精美的图案画到自己的脸上,一时间所有人似乎都回到了孩童时代,师生共乐、一任天真。

民间玩具

民间艺术始终是我们关注的焦点,每届"六·一"艺术展都少不了民间艺术的身影。而中国民间玩具作为民间艺术中的一朵奇葩,凝聚着不同地域人们的智慧,寄托着长辈对孩子的疼爱,是最贴近儿童生活的民间艺术。我们指导学生用黏土在纸板上制作民间玩具,凝固悠悠岁月里的那一份温情。

工具材料:

民间玩具实物或图片;超轻黏土、硬纸板、中国结、剪刀、美工刀等。

步骤建议:

一、玩一玩

欣赏、把玩中国各地民间玩具,感受民间玩具带来的快乐。

二、说一说

1. 观察、交流民间玩具的材质与色彩。

2. 民间玩具的形状和花纹有什么特点?有什么吉祥寓意?

3. 民间玩具与节庆的关系是怎样的?你还知道哪些民间玩具的故事?

三、做一做

1. 参考喜欢的民间玩具图片或实物,画出铅笔草图。

2. 用黑色记号笔在厚硬纸板上画出玩具外形,并用剪刀或美工刀沿轮廓线剪切下来。

3. 用铅笔起稿民间玩具花纹,用超轻黏土依次粘贴出半立体花纹。注意保留民间色彩的搭配特点。

4. 在做好的玩具上、下方中点打孔,穿上如意结扣进行装饰。

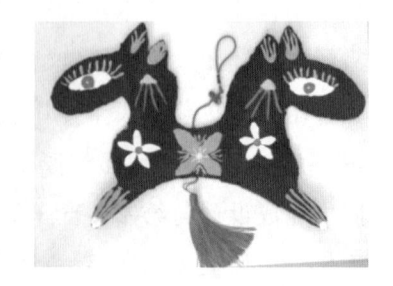

民间玩具浮雕　部分学生作品

脑科学家研究表明,快乐、丰富的生活和成长环境能促进与学习记忆、认知功能和情感调控密切相关的脑区成熟。除了蝶飞花舞、民间玩具、脸部彩绘等项目,"玩美童年"

主题展还展出了先折剪后渲染的"剪下渲染"、校园写生的"线下淮钢"、为老师画卡通肖像的"笔下园丁"、各年级学生美术课堂作业"指尖下的风采"等主题作品，唤醒了学生对艺术的深度感知与创造能力，为学生们留下欢乐而富有艺术气息的童年回忆。

剪下渲染　部分学生作品

线下淮钢

笔下园丁

科技之梦

——让学生眼里有光

> 教师们围绕新一年的"六一"展出构思时,晓慧老师提出应该多一些男生感兴趣的内容,这一提议将大家的视角引向艺术之外的领域——科学。李政道先生曾说过:"艺术与科学,是一枚硬币的两面。"如何借助艺术展示硬币的另一面,大家一致赞成以科技为主题,为热爱科学的学生策划一场艺术展出。

2015年的"六一"节,学生们怀揣科学之梦,除了机器人、纸飞机系列,他们还在木板上用彩色纸浆、水粉颜料、油画棒集体创作了四幅科幻长卷——神秘的史前世界、炫目的未来太空、奇幻的森林故事、美妙的童年幻想。每一幅作品既是学生团队合作的结晶,也是学生对科学探索的个性表达。"科技之梦"创意主题活动赋予了学生立体、多元的创作空间,点燃了学生探究科学领域的热情,激励学生成为主动的学习者、深入的探究者、快乐的创造者;同时,为教师们开展跨学科的STEAM(科学的趣味性、技术的缜密性、工程的严谨性、数学的逻辑性以及艺术学科的人文性)教学,提供了探索与尝试的舞台。

巨型机器人:开启学生的机械梦

带领学生制作标识性的巨型机器人装置,让他们亲身参与制作过程,感受与自然物象完全不同的机器人造型,带给他们强烈的自我成就感;制作接近三米高的巨型机器人,我也可以!师生共同完成作品的过程,也激发着学生对机器人的探究与机械创新的热情。

工具材料:

巨型机器人装置图;方形、长方形大纸箱若干个,废旧圆盒若干个;胶枪、硬纸板、剪刀、丙烯颜料、排刷、洗笔桶、不锈钢小盆等。

步骤建议:

一、说一说

你在哪里见过机器人?他们有什么本领,能解决生活中什么问题?

二、看一看

欣赏中外影视作品中的机器人、现实生活中的机器人视频或图片,分析其外形特征和组成部分,了解机器人的躯干、四肢、头部的机械特点。

三、想一想

我们搜集的纸箱可以怎样搭建成机器人?用什么方法黏接?怎样进行装饰?

四、试一试

1. 师生共同尝试拼搭纸箱,确定机器人的基本造型与动态。
2. 为选好的纸箱刷上红、蓝色丙烯颜料作为底色,黏接面不用刷色。
3. 用胶枪、海绵胶将刷好底色的纸箱进行黏接,及时检查牢固程度。
4. 用废旧圆盒充当肩关节与肘关节,设计机器人手臂动态。
5. 另用硬纸板剪裁涂色,制作机器人各部位细节装饰,黏贴到合适位置。
6. 检查不同角度的视觉效果,进行调整后完成作品。
7. 欣赏点评,互相说一说制作心得,交流对机器人发展趋势的看法与展望。

硬纸板飞机:打造学生的飞天梦

随着科技浪潮与教育创新的双重浸润,学生对飞机等交通工具的了解远超我们的想象。让对飞机特别感兴趣的同学担任小老师,介绍自己喜欢的各种飞机,教师退居"学员"席位。这一刻,师生共学、教学相长得到了完美诠释;用航天员翱翔寰宇、飞行员穿云破雾、研发团队攻坚克难的真实故事,点燃学生炽热的求知欲托起学生直上云霄的飞天梦。

工具材料: 飞机视频或图片;硬纸板、美工刀、剪刀;丙烯颜料、排笔、调色盘、洗笔桶、金属喷漆;热熔胶、海绵胶等。

步骤建议:

一、看一看

播放飞机视频或图片,品读杨利伟、阿姆斯特朗的探天的故事,导入创作主题。

二、说一说

1. 学生自主介绍自己喜欢的飞机机型与种类,教师引导学生讨论飞机的结构、功能、各组成部分的大致比例以及飞机的色彩与质感。
2. 思考讨论纸板飞机的制作步骤与方法,分小组制定创作方案,绘制设计草图。

三、做一做

1. 根据草图,在硬纸板上用铅笔画出飞机各部分结构,注意比例恰当。
2. 小组合作用剪刀或美工刀剪裁飞机各组成部分,注意用刀安全。
3. 小组分工用丙烯颜料分别为飞机各组成部分涂色。
4. 待颜料干后,小组合作用热熔胶将飞机各部分运用穿插、黏接等方法进行组装。
5. 将组装好的飞机拿到室外空旷处,放在铺好的废旧报纸上,均匀喷上金属喷漆,增加飞机质感。

6. 调整完成,收拾整理,分工合作及时清洗毛笔、调色盘。

7. 欣赏交流:你最喜欢哪组同学制作的飞机?为什么?你怎样看待团队的力量?介绍航天团队或飞行员团队的故事,深化团结合作的意识与精神。

我是小小机器人:拥抱学生的科幻梦

2015年"六一"节的清晨,校门口出现了几位酷酷的"小机器人"迎接全校师生的到来,只见他们方身子方脑袋、四肢金属感十足,向大家挥手问好。学生们穿着自己制作的纸箱机器人服装,打造着心中的校园科幻梦。

工具材料:

机器人图片;大小不同的纸箱若干个,铝制排烟管道若干米;剪刀、丙烯颜料、排刷、不锈钢小盆、热熔胶等。

步骤建议:

一、说一说

机器人与真正的人有哪些联系与区别?如果把自己装扮成机器人,需要改变哪些部位?需要哪些材料工具?

二、想一想

分组讨论如何制作,并进行分工,根据模特的身高设计草图、确定制作方案。

三、做一做

1. 选择合适大小的纸箱制作身体和头部,在纸箱合适位置挖出供手臂和头部进出的洞,量出眼睛的位置并挖洞。洞口适当挖大一些,可以供不同体型的学生穿脱体验。

2. 用丙烯颜料为纸箱涂色,另在硬纸板上绘制简洁的几何图案,制作头部和身体的细节,装饰在纸箱合适部位。

3. 量出模特的四肢长度,剪裁长度合适的铝制管道,充当手臂和腿。

4. 套上道具,检查调整,完成作品。

5. 欣赏互评,畅谈自己的感受与科幻梦。

为点燃更多学生的科幻火种,"六一"节中午,社团在教学楼大厅设置了机器人机甲体验区,供学生自由穿戴演绎星际幻想。虽然纸壳机甲在学生们反复穿脱中有些磨损。负责管理道具的小工程师们难掩惋惜,但看到同学们眼里闪烁的银河之光,所有疲惫都化作星尘,悄然汇入下一场艺术创作的蓝图。

生活之美

——由学生扮靓校园

> 陶行知先生曾经这样比喻教育与生活的关系:"教育好比菜蔬,文字好比是纤维,生活好比是各种维他命。以文字为中心而忽略生活的教科书,好比是有纤维而无维他命之菜蔬,吃了不能滋养体力。"我们将先生倡导的"教学做""合一"教育理念践行在艺术教育中:为学生提供亲身实践的机会,搭建多元展示创意的平台,引导学生用艺术语言自主装点校园空间。

2016年的美术社团秀,教师们选择校园里的井盖让学生们挥洒创意。

井盖涂鸦

校园里的井盖默默担负着收集雨水的重任,一直是被忽视的存在,此刻却因师生们的艺术创想而焕发光彩。学生们从构思创意到起稿配色,真是绞尽脑汁。大家从众多的创意中挑选出一些有趣的作品,按主题分组作画。阳光下,他们说笑着、创作着,时不时去欣赏下别人的作品,再向观赏的同学们介绍一下自己的作品,动力十足,不亦乐乎!

工具材料:

井盖创意涂鸦图片;粉笔、丙烯颜料、毛笔、不锈钢小盆、洗笔桶等。

步骤建议:

一、看一看

寻找、欣赏生活中的创意设计,观察不起眼的井盖发生了什么变化。

二、想一想

画家们设计的井盖图案怎样巧妙运用井盖原有的形状和材质?进行了哪些联想?表现形式上是偏写实还是偏夸张、抽象?你喜欢它们的色彩搭配吗?你会如何设计自己的井盖图案和色彩?可以在井盖周围设计怎样的关联物?小组讨论合作,绘制创意草图。

三、试一试

1. 根据创意草图用彩色粉笔在井盖上画出大体轮廓。

2. 调配需要的丙烯颜料,进行涂色。调颜料时水要少,使之具有较强的覆盖性。

3. 耐心刻画细节,深入完成画面。注意色彩的简洁与鲜明对比。

4. 调整完成,收拾整理。

靓丽的井盖为校园增添了一抹艺术气息,丙烯颜料具有防水性,加上学生用的颜料比较厚,寒来暑往,户外的风雨也没有使之褪色,每次雨水洗刷过后,井盖图案就会清晰如初,清新可人,让人不经意间感受到生活可以如此静美。

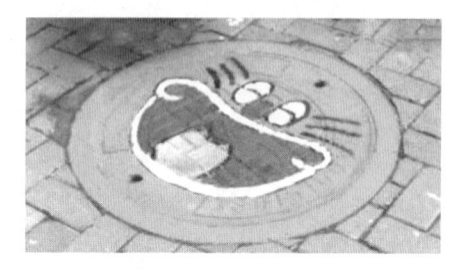

同学们绘制的创意井盖

以下是周红叶老师记录的百变井盖涂鸦故事。

百变井盖　幸福涂鸦

周红叶

"六一"之前我们是忙碌的,"六一"之后我们是幸福的,有学生们的笑脸带来的幸福,有大家的评价带来的幸福:你们的创意,成了每年"六一"的期待,你们是一群爱生活、会生活的艺术人。

先来几张好吃的,小吃货们一边画一边流着口水,路过的学生们也不禁赞叹:哇!好像啊!真好玩儿,我也想画!

这个井盖的设计者小彤是这样说的:"想象中好难画,上手之后似乎也没那么难,轻松极了。但画着画着越来越不像了,酒杯上面不应该都涂起来,留下点井盖会更好。画完之后虽然满手颜料,却高兴极了,我们都好喜欢!"另一幅极具视觉冲击力的井盖,是个看似柔弱的小公主,其实却是个古灵精怪的小女生设计的,画的时候她向我嚷着:"老师,我们怎么越画越害怕呀。""别怕别怕,正义的使者来啦!"男孩子们的英雄情结让他们萌发了这个想法,他们边画边说:"老师,大家都夸我们是合格的'粉刷匠',我们的井盖是个快、妙、静的质量工程。"画完之后他们都大汗淋漓,却没叫一声苦和累,小男子汉好样的!

"粉刷匠,井盖上的电话号码是美国队长的号码吗?我遇到麻烦一拨这个号码他立刻会出现,对吧?"

男孩子们喜欢的汽车也出现在了井盖上,瞧他们的认真劲儿,画得不错吧!

再来说说小洁画的这幅蓝胖子,画之前她用肉嘟嘟的手捡掉井盖上多余的树枝和小石块,还提醒别组的同学也要把井盖清理一下,好细心的女生。同样可爱的小豆子,是三个好朋友一起画的,因为分组比较多,材料也有点短缺了,她们少了一个搅颜料的刷子,急性子的小娴直接拿手指当笔用,三下两下把颜料搅匀了,引来大家阵阵笑声。社团里两个特别仔细的学生设计了这个花的井盖,一直画到最后,很多女生都喜欢这幅,后来她们告诉我:"老师,我们画的时候有只小虫子'勇闯天涯'在颜料上跑东跑西,我们跟它玩儿了好久!"还有个电视台和一元钱的井盖也是借鉴的,也很有意思。

2016年的"六一",小朋友们过得很开心,大朋友们也过得很快乐。愿所有人都像孩子们一样有一颗童心,有一双童眼,发现生活美、创造艺术美!

行走的人——致敬贾科梅迪

相信每一个第一次看到贾科梅迪雕塑的人,都会被其作品独特的艺术张力所震撼。极简、瘦削、细长的身躯,具有无与伦比的辨识度。雕塑表面粗糙的颗粒让作品富有质感又让人产生联想:被剥离出血肉之后的枯槁身躯经历了怎样的苦难磨砺,才留下凹凸不平的遍体伤痕。然而,瘦削的雕塑直立前行的姿势又彰显着一股锐利的力量。我想,向贾科梅迪学习雕塑创作,至少带给学生们两方面启迪:一、对贾科梅迪作品深刻精神内涵的初步理解;二、感受其雕塑作品独特的简洁之美。

工具材料:

贾科梅迪作品图片;铁丝、超轻黏土、锡箔纸胶带、蜂窝纸板、热熔胶等。

步骤建议:

一、看一看

欣赏贾科梅迪雕塑作品,说一说你有什么感觉,你感受到雕塑家想传达什么样的情绪。

二、说一说

了解贾科梅迪的生活经历，讨论交流战争对雕塑家的影响，选择一个词形容他的雕塑作品。分析探究雕塑的美术语言，如夸张拉长人的比例，抛弃服饰的干扰分神，使观众的注意力全部聚焦在人物的瘦削体态上；引起观众巨大共鸣的同时，也启发现代人对匆忙生活状态进行反思。

艺术来源于生活，高于生活。贾科梅迪打破现实的束缚，以纤细线条与扁平块面创造了独特的人物雕塑语言。同学们的生活是天真烂漫的，但我们要意识到世界上仍有战争与苦难。在顺境时感恩，在逆境时善解，正是艺术赋予我们的人文情怀。如果让你用这样简洁的方法表现自己的生活和情感，你会选择怎样的动态呢？小组讨论交流后绘制草图。

三、学一学

1. 用铁丝按自己设计的草图缠绕出人物动态，注意身高比例适当拉长。
2. 调整好动态后，用超轻黏土裹在铁丝上，躯干部位稍多裹些黏土。
3. 待黏土稍干后，缠裹上锡箔纸胶带，产生凹凸不平的肌理，增强质感。
4. 将雕塑固定在蜂窝板或其他硬板底座上。
5. 组合雕塑作品，交流欣赏，说一说我们是怎样用雕塑表达自己情绪的。

这组作品几乎每个学生都制作得很成功。学生们向大师学习形式、表达情感、发挥创意，运用铅丝、超轻黏土和锡纸，做出了形态各异的动态小人。有的在跳舞，有的在射击，有的在奔跑……姿态各不相同。简约造型和金属质地的结合赋予作品独特的艺术气息。不管放在怎样的环境中，这些作品都能营造出别具一格的三维空间艺术效果，为学生们表达情感与创意开启了一扇新的艺术之门。

版画珍珠——藏书票

藏书票是藏书的附属物，通常用木刻、石刻等版画形式制作，绘有各种美术图案，署有"某某藏书""某某之书""某某爱书"等字样，并刻有国际通用的藏书票标志"EX-LIBRIS"。它虽然是舶来品，却因灵活多样的形式和精深丰富的内涵而耐人寻味。它是读书、爱书、藏书的一种标志，也是一种书籍的美化装饰。当学生买到一本心爱的新书，在扉页上贴上一枚精美的藏书票，会使书本立刻增光生辉，倍显珍贵，从而激发学生读书的兴趣，培养爱书的情感。

工具材料：

藏书票实物和名家作品图若干；版画颜料、滚筒、木刻刀、宣纸、八厘米左右大小

PVC板或橡胶板若干块。

步骤建议：

一、看一看

欣赏老师带来的藏书票，观察它们由哪几部分组成，尺寸多大，这些图案有什么特点。你知道是怎样制作出来的吗？

二、说一说

简单了解藏书票的历史与价值，欣赏名家作品，讨论交流自己最喜欢哪种风格的藏书票。

三、想一想

为自己心爱的书设计藏书票。你想设计怎样的图案和文字？底版上的文字是正常书写的吗？通过视频了解文字必须反着写的原理。思考并设计草图。

四、做一做

1. 用复印纸转印草图，或直接在PVC或橡胶板上绘制设计好的图案。

2. 用圆口、三角、斜口木刻刀刻制图案，注意线条的疏密对比以及点线面的组合。

3. 均匀滚上油墨，覆盖上合适大小的宣纸或彩色打印纸，在纸张背面稍用力摩擦，使油墨充分渗透到印纸上。

4. 揭开印纸，用铅笔按照版画格式落款。

为自己心爱的书设计藏书票，激发了学生的创作热情，也拓宽了美化生活的艺术路径。每枚藏书票都呈现出独一无二的创意构思。在制作过程中，学生不仅培养了做事的计划性和条理性，还在潜移默化中习得珍视书本的习惯，掌握用艺术美化自己的生活的能力。

版画藏书票　部分学生作品

世界你好

——伴学生放飞童心

> "什么动物早晨用四条腿走路,中午用两条腿走路,晚上用三条腿走路?"狮身人面的斯芬克斯之谜概括了人一生的不同阶段。对小学生来说,尼罗河畔的古埃及文明,就像斯芬克斯一样充满未知与神秘。巍峨的金字塔究竟为何而建?威武的狮身人面像以谁为原型?沉睡千年的木乃伊能否苏醒?让我们一起放飞童心,揭秘璀璨的古埃及文明,对人类文明体系形成初步的认知。

埃及、中国、印度与古巴比伦并称为四大文明古国。公元前三十年,埃及历史上最后一位,也是最著名的统治者——埃及艳后——克利奥巴特拉去世后,埃及被纳入罗马帝国版图。一个延续约3700年历史的古老文明就此终结,逐渐湮没于历史长河中。2017年"六一"儿童节,教师带领美术社团的学生精心打造古埃及文化体验空间,带领大家穿越历史烟云,通过象形文字、神庙、壁画、金字塔等历史遗存走进埃及,感受这个邈远而神秘的国度。

气势恢宏的金字塔

阿拉伯有句俗语:人们害怕时间,而时间害怕金字塔!那一座座在沙漠中历尽数千年风沙侵蚀而依然岿然矗立的金字塔,是古埃及法老的陵墓。古埃及人信奉人死后会获得重生,而金字塔就是他们通往永生的永恒居所。所以,为自己修建永久坚固的寓所——金字塔,是每一位法老登基后的首要任务!其中最著名的当属已有约4500年历史、位于吉萨高地的胡夫金字塔。探寻埃及古老文明,不仅能让我们触摸历史的脉络,也为学生打开了扇认识世界文明的艺术之窗。

工具材料:

金字塔视频和照片;整开加厚KT板2张、废旧报纸若干、宽胶带、白色皱纹纸、丙烯颜料、排刷、不锈钢小盆、洗笔桶等。

步骤建议:

一、看一看

欣赏金字塔视频、照片,了解金字塔的由来,以及造型特点、规模、地理位置等相关知识。

二、想一想

古埃及人为什么要把陵墓造成金字塔形？在远古时代没有起重机，这些大石块是怎样严丝合缝地堆积而成？金字塔与小时候搭过的积木有哪些共通之处？

讨论交流：我们用纸板等材料制作金字塔，全立体和浮雕效果在制作和展示空间上，哪种更具有可行性？在平面上制作金字塔浮雕，可以选择什么方法和材料？

三、做一做

1. 用宽胶带拼合两张整开加厚KT板作为金字塔背景。

2. 在背景板上确定金字塔大小、位置，将揉成团的废旧报纸用宽胶带一一粘贴在金字塔上，由塔底向塔尖形成厚薄过渡。

3. 用旧报纸制作少量突出于塔身的石头，凸显岁月磨砺的沧桑痕迹。

4. 用稀释的乳胶将整个旧报纸金字塔粘满白色皱纹纸，平整塔身表面又能产生一定的肌理。

5. 为金字塔和背景涂色，利用色彩的明暗变化营造立体感和空间感。

6. 检查粘贴的牢固度和细节处的色彩效果，调整完成。

7. 欣赏评价，交流制作金字塔过程中的经验体会，培养循环使用物品的环保意识，感受金字塔蕴含的科学之美。

威严的狮身人面像

在吉萨高地的金字塔群中，哈夫拉金字塔的建筑规模仅次于胡夫金字塔。狮身人面像坐落在哈夫拉金字塔前，面朝东方日夜守卫着这片广袤的荒漠。它的身体是狮子，却长着一张人脸，其面部据说是按照哈夫拉王的形象雕刻而成。在古埃及人眼中，狮身人面的斯芬克斯是神话中的神兽，具有守卫神圣之地的职能。斯芬克斯作为永恒与神性的象征，在几千年的岁月长河中始终守护着法老的陵墓，它永恒地凝视着东方地平线上升起的太阳，为金字塔建筑群增添神秘莫测的气息。狮身人面像独特的造型，激发起学生探究的好奇心，其蕴含哲学意味的谜语，启迪着学生对人生阶段的客观认知与思考。

工具材料：

狮身人面像视频或图片；整开加厚KT板2张、废旧报纸若干、宽胶带、皱纹纸、丙烯颜料、排刷、不锈钢小盆、洗笔桶等。

步骤建议：

一、说一说

以斯芬克斯谜语导入，你还知道狮身人面像的哪些故事？它的前世今生是怎样的？

二、想一想

欣赏狮身人面像视频或图片,思考如何将雕塑转换成平面的浮雕效果。小组讨论交流并设计草图。

三、做一做

1. 用宽胶带拼合两张整开加厚 KT 板,根据草图确定两个小型金字塔和狮身人面像的位置、大小及基本形状。

2. 小组合作,用宽胶带将揉成团的废旧报纸贴满小金字塔内部,并在表面贴满皱纹纸。

3. 将废旧报纸揉成长短合适的圆柱形,用宽胶带塑成狮身人面像的身体和头部以及远处的太阳。

4. 用丙烯颜料涂色,注意拉开颜色的明暗对比,增强浮雕的体积感。

5. 检查细节,调整画面,完成作品。

6. 欣赏评价,说说满意之处与不足的地方,每个组遇到了哪些困难,是如何解决的;通过实际制作,你对狮身人面像有哪些新的认识。

古埃及的母亲河——尼罗河

埃及有一条著名的河流叫尼罗河,它是古埃及的母亲河,埃及也被称为尼罗河的赠礼。尼罗河每年定时的规律性涨落,不但带来了富含养料的泥土、滋养了埃及的原始农业,也促进了古埃及历法的发展。人们以尼罗河的涨落分一年为3个季节。尼罗河两岸肥沃的土地被称作"黑土地",勤劳的古埃及人利用黑土种植各种作物,用泥砖建造房屋。远离尼罗河的贫瘠沙漠则被称为"红土地",是埃及人建造陵墓的地方。古埃及文明与中华文明遥遥相望,各有千秋。世界的多元化在学生亲手打造的情境中逐渐清晰起来。

工具材料:

尼罗河图、莎草图片;宽60厘米、长240厘米的加厚KT板两张,废旧报纸,硬纸板,宽透明胶带,丙烯颜料,毛笔,不锈钢小盆等。

步骤建议:

一、看一看

欣赏尼罗河视频或图片,了解尼罗河对埃及的影响,分析尼罗河中莎草和船只的形态特点。

二、想一想

1. 你还知道哪些河流对人类环境的影响?淮安的河流有哪些?人们是怎样改造与

治理的？古埃及的兴衰给你什么启示？

2. 如何用身边的材料在平面上表现尼罗河上船只的立体感？小组讨论交流，设计草图，进行分工。

三、做一做

1. 师生合作用宽胶带将两张窄长 KT 板拼合成长条状。

2. 根据草图画出船只的大概轮廓并沿轮廓线进行划切。

3. 小组合作将报纸揉成需要的造型，用宽胶带分别粘贴在船身、船头、船舷处。

4. 分别在其他加厚硬纸板上画出一大四小五根船桨，剪裁切割成型。

5. 师生合作用丙烯颜料分别为河流、船体和船舷涂色，添画莎草以及岸边少量陆地。笔触尽量轻快、一气呵成，表现出河水的流动感、莎草的自然生机。

6. 组合船舷和船身，固定好船舷。调整画面，完成作品。

7. 欣赏评价，莎草和船只的涂色笔触不同在哪里？为什么？比较埃及的莎草纸与中国造纸术的异同，增进对多元文化的了解与包容。

古埃及壁画

古埃及壁画描绘了几千年前古埃及奇妙而充满生气的生活情景。埃及壁画既不照搬自然物象，也不像中国画那样讲究以形写神。它们不是按照任何偶然表现出来的样子去描绘事物，而是在记忆的基础上遵循严密的法则，甚至不惜改变自然形态，保证所有入画的东西都被完整、突出地显示出来。例如人物头部为正侧面，眼和肩为正面，腰部以下则为正侧面；根据人物的尊卑安排比例大小和构图位置；男子皮肤多为褐色，女子为浅褐或淡黄，头发为蓝黑，眼圈为黑色等，这些特点使埃及壁画具有独特的程式感与装饰性。其别具一格的艺术形式与审美意味，能够增进学生对不同地域文化的认知和理解，培养学生对多元艺术不变语言的感受与接纳能力。

工具材料：

埃及壁画书籍与图片；牛皮纸、黑卡纸、厚吹塑纸、水粉颜料、粗头铅笔、夹子、毛笔、调色纸、洗笔桶等。

步骤建议：

一、看一看

欣赏埃及壁画视频或图片，感受埃及壁画内容和形式美，了解古埃及墓葬习俗及相关神话，讨论壁画中人物造型特点。

二、练一练

选择一两个人物和动物造型,进行线条临摹练习,体会埃及壁画的正面造型规律。设计吹塑纸版画草图。

三、试一试

方法一:吹塑纸版画

1. 根据草图在吹塑纸上用粗头铅笔直接刻出形象,注意构图饱满,凸显埃及壁画的造型特点。

2. 用小铁夹固定吹塑纸和黑色卡纸,用较厚的水粉颜料在吹塑纸上局部涂色,并及时转印到黑卡纸上。可在颜料里加少许白色颜料增加覆盖性和明度。

3. 逐步涂色、转印,直至涂完所需的地方,检查细节,调整画面,完成作品。

方法二:牛皮纸手绘

1. 根据草图在整开牛皮纸上画出人物大体轮廓。

2. 两人合作,用水粉颜料涂色,色彩尽量厚重、和谐,饱和度不宜太高。

3. 添画衣纹服饰,在人物周围点缀象形文字或象征性图案。

4. 将完成的多幅作品进行组合,拼贴成大型壁画作品。

5. 欣赏评价,交流讨论创作的壁画是否体现了埃及壁画的造型规律,调色过程中遇到了哪些困难,是如何解决的,埃及壁画与中国画在视觉效果上有哪些不同。

为了更好地渲染放飞"童心"的主题,教师们特地带领学生们制作了一对巨型七彩翅膀,学生们在一片片海绵纸上用金银彩笔绘成羽毛,再细心地粘贴到黑色背景上。看到展架背面的木撑条不够美观,学生们一致选择蓝色水粉颜料装点美化。这一抹蓝色宛如学生心目中的蓝天,他们的思绪正借助这对翅膀在广阔无垠的蓝天翱翔。认识自我,认知世界,我们在路上。随遇而安、随缘而行;随风而舞、随雨而歌;让我们牵着你的小手,疾徐有致地行走,在童年的记忆里,留下一串串清脆的足音。

玩美民间

——传学生民间智慧

> 中国民间艺术就像一首首质朴动人的民歌,清新活泼且散发着浓郁的乡土气息,传达着民间艺人健康朴实、乐观通达的人生观。其不拘一格、自由无羁的表现形式闪烁着民间智慧的动人光芒。作为文化内涵深厚的民间美术,是中小学美术学科核心素养中不可或缺的组成部分。

2018年"六·一"主题作品展题材选取过程中,教师们不约而同地将目光投向魅力无限的民间艺术。师生通过认识民间美术种类、表达民间美术形象,感悟民间美术蕴藏的民族生存智慧,从中提炼出绘画、设计思维与观念,满足学生的生命体验需要,激发学生传承中华优秀传统文化的热情和信心。

手绘二十四节气

二十四节气是上古先民顺应农时,通过观察天体运行,认知一岁中时令、气候、物候等变化规律所形成的知识体系。一岁分四时,春夏秋冬各占三个月,每月包含两个节气。它不仅准确反映了自然节律变化更蕴含着悠久的文化内涵和历史积淀。如今,二十四节气在日常生活中仍然发挥着重要作用。学生通过了解节气内容,合作在伞上绘制节气景象,经历了将节气知识内化的过程,在富有趣味的美术活动中深化了对传统节气文化的认知。

工具材料:

二十四节气书籍、图片等;红色雨伞、丙烯颜料、毛笔、不锈钢小盆、洗笔桶等。

步骤建议:

一、说一说

你知道二十四节气吗?谁来背一背《二十四节气歌》?你还知道哪些关于二十四节气的故事和古诗?了解二十四节气的由来与规律,讨论交流二十四节气与日常生活的关系。

二、想一想

二十四节气与大自然的变化和人们的生活息息相关,不同的节气让你想到怎样的画面？适合用什么形象表现特定的节气？欣赏二十四节气绘本读物和图片,小组讨论交流,设计草图。

三、试一试

1. 根据草图在红色雨伞上画出大体轮廓,构图尽量饱满,并留出醒目位置书写节气名称。

2. 用丙烯颜料涂色,注意选用与红色对比鲜明的色彩。

3. 刻画细节,形成线条的疏密对比关系。

3. 转动雨伞方向,调整画面,完成作品。

4. 交流欣赏,辨认同学画的是哪个节气,说说最喜欢哪一幅作品,对自己作品最满意的地方是什么,你会在生活中运用二十四节气知识解决哪些问题。

学生绘制的节气主题伞

玩皮影

皮影戏是一种以兽皮或纸板制作人物剪影来表演故事的民间戏曲形式。它主要流传于河南、山西等农村地区,是没有电影电视年代的重要的娱乐活动,也是中国民间艺术的重要门类之一。表演时,艺人在白色幕布后一边操纵影人讲述故事,一边配以音乐。一个皮影人物要用多根竹节操控,表演者不仅嘴上要口诵唱词还要脚踩锣鼓常看得观众目不暇接。学生通过分析皮影人物造型、五官及服装表现形式,绘制放大版的皮影人物,掌握线条相连、笔笔不断的五官和纹样设计方法,从而感受皮影戏的独特魅力。

工具材料:

皮影实物和图片若干;KT板、素描纸、黑色红色卡纸、马克笔等。

步骤建议:

一、看一看

欣赏皮影表演视频和精美的皮影实物,分析比较南北方皮影戏的特点。初步了解皮影戏的历史以及表演形式。

二、说一说

观察分析皮影人物的结构、材质、制作步骤。通过对人物服饰线条走向、色彩分布、疏密变化的理解,感受形与色的节奏变化。小组合作设计皮影人物草图。

三、试一试

1. 根据草图在整开素描纸上画出轮廓。

2. 用记号笔深入刻画,对领口、袖口、下摆和中间主图位置的线条大胆排列组合,形成黑白节奏层次。

3. 通过自己对服饰线条的组织,形成新的纹样。

4. 用马克笔涂色,表现皮影材质的通透感。

5. 将完成的作品沿边缘剪下来,用乳胶裱贴在黑色或红色KT板上,让皮影人物立起来。

6. 欣赏评价,交流创作感受:你了解了哪些皮影人物的装饰方法?皮影人物形象最大的特点是什么?如果请你设计一个皮影形象,你会突出哪些特征,怎样进行装饰?

学生绘制的皮影人物展示台

缤纷扎染

植物染色又称草木染,是利用天然植物色素染制纤维的古老工艺。如今,化工染料凭借便捷与可量化生产优势取代了草木染,但其染制过程中产生的大量化学废水对环境造成了严重破坏。与化工染料相比,天然植物染液的污染要小得多,染成的纺织品色泽纯净柔和,散发草木的清香。教师们带领学生开展了多次草木染实践活动,既让学生体验了民间扎染的魅力,又身体力行地践行了低碳环保理念。

工具材料:

白布、白汗衫、植物染料;电磁炉、不锈钢锅、塑料桶、小夹子、皮筋、一次性手套等。

步骤建议：

一、看一看

观察大自然中植物的各种色彩，欣赏用靛蓝扎染的织物，感受图案的独特变化与色彩的协调统一。

二、想一想

尝试了解长条、圆形、三角、点状、螺旋、卷筒折等扎结法，思考你想设计怎样的花纹、借助怎样的工具，与同学交流讨论。

三、试一试

方法一：冷染法

1. 清水浸泡白汗衫或布料；同时将植物染料放入另一清水桶中，加入纯碱，搅拌均匀后加入还原剂，静等半小时，染料颜色由黄变绿即可。

2. 等待染料变色过程中从清水盆捞出白汗衫或布料拧干，用橡皮筋、夹子、几何形木板等工具，在白汗衫和布料的合适位置扎结出自己喜欢的图案。

3. 将扎好的布料或汗衫放进染色桶里充分浸染10分钟左右，捞出悬挂氧化，待颜色由绿变蓝时可以进行第二次浸染，亦可以直接拆开。

4. 拆开橡皮筋等扎染工具，欣赏扎染效果，收获深深浅浅的蓝色惊喜。

5. 漂洗掉浮色。夏季就可以穿上自己亲手扎染的清凉汗衫了。

方法二：煮染法

1. 将不锈钢锅的水烧至沸腾，按比例加入染料、盐。

2. 将汗衫或布料扎捆成自己喜欢的图案后，下锅煮10分钟左右捞出。

3. 拆开扎结工具，欣赏交流彼此的扎染汗衫效果。

4. 冲洗表面漂浮染料，晾干即可。

5. 欣赏点评：扎的花纹与染的效果与最初相比发生了什么变化？将煮染与冷染的汗衫进行比较，两种效果有什么不同？哪种色彩更柔和？哪种色彩更鲜明？分别给人怎样的感受？

"玩美民间"展出中，还有学生用染纸二次创作的瓶花、用蓝色花布剪贴的布艺装饰画、手绘京剧脸谱、水墨画民间玩具等。学生们流连在展厅，徜徉在民间美术天地，时而驻足探究作品的制作奥秘，欣赏品种繁多的展品；时而把玩皮影展台下的道具，来一段恣意自由的即兴表演……民间美术之美就像一粒种子悄然落进孩子心田，等待着来日生根发芽。

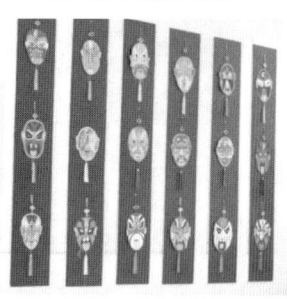

"玩美民间"艺术展厅

巧用绘本

——给学生更多视角

> "儿童有一百种语言，一百双手，一百个念头，一百种思考、游戏及说话方式。还有一百种倾听、惊讶和爱慕的方式，一百种歌唱和了解的喜悦，一百个世界等待他们去探索去创造。"每个学生的每种语言都有获得充分发展的权利，某一种语言发展越好，就越能融入其他语言，共同丰富彼此的内涵。

2018年的"六•一"节，淮安市语文经典微课程诵读活动在我校举行，围绕绘本与阅读主题，美术组教师带领学生开展了系列的绘本创作活动；根据绘本内容创作撕纸画故事绘本、设计《西游记》剪纸人物、线描绘本插画；也有根据绘本情境进行的自由创作。

撕出来的绘本故事

图文并茂的绘本是孩子们最爱的读物，它们文字精练、风趣活泼，融文学性和艺术性于一身。比起快餐文化，绘本阅读无疑能带给孩子视觉享受与精神愉悦的双重体验。教师们带领社团学生用灵巧的双手重塑绘本故事，通过看、画、撕等方式，将文学想象、美术语言转换和触觉协调能力培养融为一体。

工具材料：

台湾童书作家黄春明撕画系列绘本故事、学生喜爱的绘本若干；废旧画报、彩色广告纸、彩色打印纸、固体胶、素描纸等。

步骤建议：

一、看一看

赏读交流自己喜欢的绘本故事，说一说为什么喜欢。分析绘本的形象特点、图文的排版形式、带给人们怎样的视觉和精神享受。

二、学一学

欣赏台湾撕画绘本画家黄春明的作品，你最喜欢哪一幅？它与普通绘本有什么不同？你撕过纸吗？选择黄春明作品中的一个形象，挑选合适的彩色画报纸，学着撕一撕，体会撕直线与弧线的不同用力方法。

三、试一试

1. 选择喜欢的绘本,讨论交流如何将手绘插图转换为撕纸艺术形式。
2. 根据故事内容选择合适的彩纸,也可以由彩纸产生联想进行创作。
3. 巧妙搭配各种色彩、材质不同的纸张,使画面具有随机性和肌理感。
4. 将撕好的局部组合粘贴到素描纸上,适当添画细节,调整画面,完成作品。
5. 装裱作品,收拾整理桌面。
6. 欣赏展评,与同学分享自己的撕画绘本故事,制作过程中遇到什么困难,发现了什么撕纸小窍门。

我看见一只鸟

《我看见一只鸟》是第三届丰子恺儿童图画书奖首奖作品。作者刘伯乐用精美画面呈现了多种鸟类,书中以小女孩跟随妈妈在自然景区里游玩为叙事线索;当小女孩看见一只从没见过的鸟并画下它后,母女俩深入景区寻找答案。她们先后遇见麻雀、野鸽子、五色鸟……都不是画中的那只鸟,读者跟着好奇的小女孩一路寻找,直到最后一页谜底才揭晓。通过欣赏阅读绘本,学生不仅能认识各种美丽的鸟类,还能感受回归自然的乐趣、满足探究自然的好奇心。

工具材料:

《我看见一只鸟》等鸟类绘本故事;20×30cm 油画框若干个,丙烯颜料、毛笔、调色纸、超轻黏土。

步骤建议:

一、读一读

展示《我看见一只鸟》绘本实物书及课件,师生共读绘本故事,跟随故事情节认识各种鸟类。

二、说一说

你见过什么鸟?书中的鸟你知道哪些?你还知道哪些鸟类?鸟由哪几部分组成?它们有什么生活习性?

讨论交流:绘本画家用什么材料表现鸟?你觉得好在哪里?你会画鸟吗?请学生上黑板试一试,其他学生在自己的素描纸上画一画。

师生共同讨论如何突出不同鸟的特征与生动姿态。

三、试一试

1. 在油画框上用丙烯颜料涂上深浅渐变的底色。

2. 待底色干后,用铅笔画出鸟的大致轮廓,表现鸟的特征与动态。

3. 用超轻黏土捏出鸟的身体,直接粘贴在合适位置,通过色彩的明暗对比增强立体感。

4. 搓出长短、粗细变化的线条和点,装饰细节,用工具戳点表现鸟的羽毛、爪子等细节,突出质感。

5. 调整画面,完成作品。

6. 为了让展出具有更好的大自然效果,教师们用专用的印花滚筒在白墙上刷上美丽的绿色植物,让鸟儿们悠然栖息在一片绿叶间。

奇怪的脸

毕加索是一位传奇画家,具有卓越的绘画禀赋和扎实的艺术功底,始终以饱满的热情持续创作。作为立体主义画派重要创始人,他把物象分解重组为几何切面,通过多维度的空间表现技法,构建出独特的艺术语言。创作于1937年的《哭泣的少女》是其代表作。画中少女扭曲的面部轮廓、碎片化的五官造型、紧咬手帕的嘴唇以及滚落的泪珠,表现了德国空军轰炸下底层百姓的苦难景象,传递出画家鲜明的爱憎立场。通过本单元学习,帮助学生初步了解立体主义画派的起源与艺术特征,培养对现代艺术流派的认知理解能力。

工具材料:

与毕加索有关的绘本书籍、影像图片等;硬纸板、瓦楞纸、麻布、纽扣、热熔胶、手工胶、剪刀等。

步骤建议:

一、说一说

共读绘本《你好艺术》系列中20世纪艺术先锋——毕加索,说一说毕加索是个怎样的画家。鉴赏《哭泣的少女》,自由谈论对作品的第一印象和感受。

二、说一说

1. 识别构成画面形象的点、线、形、色,讨论交流它们表现的情感和蕴含的意味。如果是你,会如何为作品命名,为什么?

2. 欣赏毕加索立体主义风格的其他肖像作品,交流讨论立体主义的创作特点。闭上眼睛回忆欣赏过的视觉意象,加深对作品的感受和印象。

3. 你的生活中有过强烈情绪记忆吗?是开心、激动、惊喜,还是难过、恐惧、紧张?讨论交流心理意象,借鉴立体主义创作方法进行构思。

三、试一试

1. 小组合作在素描纸上画出脸部轮廓并解构重组五官,画出自己的情绪和感受。

2. 用几何形分割,用点、线、面、色丰富细节,进一步传达感情。

3. 绘画作品创作完成后,互相评说欣赏。

4. 小组分工用收集的彩纸、麻绳、麻布、纽扣等多种媒材在硬纸板上进行创作,自由表达自己的独特感受。

5. 欣赏同学的作品,也可以轮流向大家介绍自己的作品:运用了哪些立体主义绘画的造型规律?

奇怪的脸　学生作品展示

在活动过程中,我们愈发感到优秀绘本兼具高度艺术性与文学性,能够为学生提供艺术灵感与生命感悟。如何更有效地带领学生用好绘本、创作绘本,仍需在未来更深入的跨学科学习中加以融会贯通。

凡人英雄

——与学生分享感动

> 2020年庚子之春,抗疫成了全中国人唯一的主题。在被灾难、悲伤、疲惫、魔幻、人性、坚毅、战斗等各种信息淹没的日子里,我最终选择关注平凡,用画笔记录那些平凡人的瞬间。平凡而努力的人们,终将且永远是社会的中流砥柱,承载着绵延不息的民族之魂……感谢他们以平凡之躯筑起守护防线,护佑身后的千家万户——他们就是那群最勇敢的中国人。

2020年的"六一",是致敬凡人英雄的"六一"。

因为疫情的原因,社团活动无法正常开展。那个漫长的寒假,我除了自己用画笔记录感动的瞬间,也在社团QQ群组织指导学生用画笔表达自己的心声。

在那段特殊时刻,我告诉学生们不仅要牢记教训,更要去感激那些保护我们的人。除了医护人员日夜守卫在生死线上,7000多名工人不分昼夜地建造火神山、雷神山医院,解放军奔赴疫情一线支援,各地农民第一时间采摘新鲜的蔬菜驰援武汉,还有很多来自全世界多个国家各界人士的爱心援助。世界很大,但爱无国界。

我希望学生们思考:每个人的生命只有一次,漫长而短暂,作为与自然万物身处同一个星球的人类,平凡的我们能做什么?该做什么?

希望大家谨记:唯有现在努力学习本领,未来才有能力保护所爱之人和爱我们的人、保卫国家安宁、守护人类文明、呵护自然环境,守护我们赖以生存的地球家国。

山深未必得春迟,

处处山樱花压枝。

桃李不言随雨意,

亦知终是有晴时。

让我们珍惜每一个春天的到来。

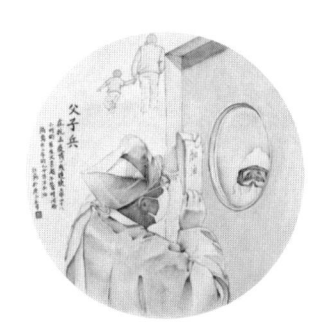

第三章 美术教育还能带给学生什么

《父子兵》
作者：王红燕

武汉八十六岁老专家全副武装，坚持坐诊
作者：王红燕

侄女在临时观察病区上岗
作者：王红燕

李文亮
作者：房有竹（五年级）

请与大自然和平共处
作者：杨诗昀（五年级）

致敬最美逆行者，舍小家为大家
作者：万一一（三年级）

最勇敢的人
作者：孙千越（五年级）

我和我的家乡

——愿学生乡梓情长

> 处于中国南北地理分界线上的淮安，因其独特的地理位置，"使得北方英武豪气和南方婉约风韵、阔大胸襟以及地域限阈聚于一地，铸就了淮安人兼收并蓄的人文性格，使得淮安人特别善和，且和而不同，淮安的饮食、家具、建筑、民风民俗、诗文风格，无不体现这一特点。"①淮安在语言、饮食、风物人情等诸多文化方面兼具南北特色，又不失其独特韵致，呈现出一种中庸致和的迷人魅力！

2021年"六一"节，师生共同打造了"我和我的家乡"主题作品展。通过"淮扬美食""博里农民画""梨园撷英""乡言俚语"等七大项目形式，努力创造联结学生与家乡文化的纽带，引导学生寻绎、悦纳家乡本土文化；通过走进生活、艺术创作等浸润式学习，帮助学生养成自信包容的文化心态，成长为兼具家乡情怀、人文素养、审美品位与幸福能力的现代少年。

淮扬美食

淮安是淮扬菜的发源地之一，以就地取材、粗菜细作、五味调和的烹饪智慧赢得"东南第一佳味"的美誉。1949年新中国首次国宴选用淮扬菜更使其名扬四海。那一道道令人垂涎的淮扬菜品，足以令每一个淮安赤子拍案叫绝，一唱三叹！学生通过参观淮扬菜博物馆、走访淮扬菜美食大师，用彩墨手绘、超轻黏土还原淮扬美食，在实践中深化对家乡饮食文化的认同和热爱。

工具材料：

淮安美食图片；小竹篮、纸盘、镜片宣纸、国画工具、超轻黏土及工具等。

步骤建议：

一、说一说

你知道的淮扬菜有哪些？你平时最喜欢吃哪些淮扬美食？交流讨论参观淮扬菜博物馆的见闻，分析淮扬菜的特点。

二、看一看

欣赏淮扬菜视频和图片，分析菜品的点线面构成、摆盘的构图、菜肴和器皿的色彩

---

① 张寿山，靳全生.淮安特色文化[M].苏州：苏州大学出版社，2006：3.

搭配等。

讨论交流创作形式并独立绘制草图。

三、试一试

方法一：彩墨美食

1. 根据草图，在镜片宣纸上用淡墨画出美食主体轮廓及结构。

2. 用浓淡不同的墨色勾勒出美食各部分细节。

3. 添画器皿或桌布。

4. 渲染色彩，注意色彩的对比、和谐，体现彩墨画的特点。

5. 相互欣赏作品，收拾整理。

方法二：黏土美食

1. 根据草图，选择需要的黏土颜色，也可以自己用黏土调配出需要的颜色。

2. 用揉、搓、捏、压、剪、刻等方法制作单个美食。低年级尝试做小笼包子、茶馓等点心；高年级制作相对复杂的菜品，如软兜长鱼、龙虾等。

3. 重复制作多个，待干后组合放置在小竹篮或纸盘里。

4. 欣赏评价：制作美食过程中通过反复尝试，学会了哪些方法技巧？真正的美食制作需要大厨们花费更多的心思，美食除了造型还蕴含哪些要素？

为了营造淮扬美食氛围，教师带领学生们用卡纸、KT板设计制作美食街的若干厨师形象，将画好的人物做成立牌，脸部留空供学生观赏时露出自己的脸，变身小厨师，与作品进行互动。美食绘画、手工美食与厨师立牌等作品以"美食一条街"装置形式呈现，具有很强的互动性和游戏性，深受学生喜爱。

美食一条街装置　师生合作　　　　　淮扬美食　部分学生作品

博里画乡

博里镇位于淮安市淮安区，这里物产丰饶，民风淳朴，文化底蕴深厚。闻名遐迩的博里农民画，便诞生于此。博里农民画以其浓郁的地域民间特色、时代生活情趣和民间绘画风格跻身当代农民画坛。1991年,博里被文化部命名为"中国现代农民绘画画乡"。博里农民画平面化的形象处理、对比鲜明的色彩表达,具有强烈的装饰性,在物体造型的稚拙夸张方面与儿童画有异曲同工之妙。如今的博里农民画紧随时代步伐,不断创新,又融入刺绣、诗词艺术,推动着农民画与时俱进,不断向前发展。学生通过学习实践农民画创作形式,可深化对乡土文化的认同感,培养民间审美素养和创新思维。

工具材料:

农民画范画及课件等;素描纸、马克笔、记号笔、水粉颜料等。

步骤建议:

一、看一看

欣赏博里农民画作品,你最喜欢哪一幅?为什么?

介绍博里农民画的历史和影响。

二、想一想

讨论交流博里农民画的特征。农民画的题材来自哪里?如果让你借鉴农民画的风格进行创作,要学习它哪些优点?从自己的生活出发,小组合作,用博里农民画的创作方法设计草图。

三、试一试

1. 根据"街舞课间操""小小运动会""热闹的体育课"等草图,在素描纸上画出轮廓,注意构图饱满。

2. 发挥创意,增加环境、添画细节,在重复中有变化。

3. 用水粉或马克笔等材料涂色。

学习农民画创作耗时较长,学生的作品效果也较细腻,展出时将大红色宣纸揉皱,作为背景墙加以衬托,营造出淳朴浓厚的乡土气息。教师们还将学生创作的农民画作品印在靠垫、布包上,将农民画的装饰美发挥得淋漓尽致,取得很好的装饰效果。

博里画乡展区学生文创作品展示

梨园撷英

淮安地方戏主要有淮剧和淮海戏。土生土长的淮海戏以民间生活小戏为主,是典型的大众化艺术。它的唱、念、做、表,均平实易懂,幽默风趣,载歌载舞的表演形式尤其热烈生动。淮安淮海戏剧团不断推陈出新,其中,由中国梅花奖得主许亚玲主演的《秋月》《天下民心》《荡湖船》尽显淮韵清籁、梨园芬芳的迷人魅力。通过学习戏曲知识感受演员学艺艰辛,培养学生做事的细心、耐心和恒心。

工具材料:

淮海戏演出图片、超轻黏土及工具、铁丝、钳子、蜂窝板底座等。

步骤建议:

一、看一看

你看过戏吗?你知道淮安有哪些戏曲种类?有哪些戏曲名人?欣赏淮安籍京剧演员王瑶卿、宋长荣以及淮剧、淮海戏等演出剧照。感受戏曲人物的造型美、身段美、服饰美、神态美。

欣赏淮海戏视频片段,了解淮海戏演员许亚玲的成长故事,体会她台上一分钟,台下十年功的勤奋刻苦。唱念做打每一个方面都要有扎实的基本功,如同我们的创作一样,没有坚定的信念和恒心是完不成的。

二、演一演

请学生们模仿生、旦、净、末、丑的亮相,感受中国戏曲中不同角色的扮相与性格特征。

三、试一试

1. 用铁丝缠绕出感兴趣的戏曲人物简易骨架,将铁丝骨架扭成生动的瞬间动态,并将做好的戏曲人物骨架固定在蜂窝纸板上。

2. 用肤色或其他浅色超轻黏土裹住骨架,捏塑出戏曲人物的基本形体,注意头身比例的协调。

3. 选择合适颜色的超轻黏土搓压成各种泥片,为戏曲人物穿上宽大的戏服,用黑色黏土设计戏曲人物发型,搓出多种泥条、泥点精心制作五官等细节,并对服装进行点缀装饰。

4. 收拾整理,根据需要为蜂窝纸板底座铺上一层超轻黏土。

5. 互相欣赏、评说:轮流介绍自己的创作心得,有哪些得意和不足之处?戏曲表演家是怎样做到在台上光彩夺目的?现在娱乐项目那么多,他们为什么还要坚持表演并不断创新?

学生创作的戏曲人物

"六一"前夕,为了收集淮安家乡话、淮安里运河风光,严素雅老师冒着酷暑多次奔赴清江浦记忆馆、里运河文化长廊实地考察、收集方言资料。为了营造家乡戏曲的教学氛围,我和张妍老师前往淮海戏剧团,向淮海戏表演艺术家许亚玲老师借用演出戏服和道具,得到素不相识的许老师大力支持和帮助。那洒满汗水的练功房、一双双被磨破的练功鞋、像宝物一样被珍藏的精美戏服,我们看到的分明是艺术家对淮海戏的无限热爱、对地方文化的一份坚守,许老师热情亲切的鼓励更让我们感受到一位戏曲表演艺术家台上光彩照人、台下谦和温润的人格魅力。

愿人杰地灵的家乡文化能悄然融进学生的原生记忆,纵然志在千里,仍能乡梓情长。

古建新韵　　　　古建史览　　　　我和我的家乡展厅现场

艺起玩

——助学生自我绽放

> 心理学和脑科学研究显示：儿童需要快乐。然而，现实生活中，更多父母的口头禅却是："你每天就知道玩儿，怎么不知道学习呢？快点学习去。"其实，我们完全可以把学生的学习变得像玩一样有趣。学生在游戏中自主探索、学习交往、滋养身心时，不仅能获得快乐和满足，更能促进大脑神经网络的生长与连接。

2022年的"六一"主题展，超越美术学科"艺起玩"，将立德树人融入教育的潜移默化中；通过设计全校学生均可参与的互动游戏，为学生创造自发、自主、自律的成长契机，促使他们展现真实美好的生命状态。

爱祖国——趣味配对

陶行知先生曾说过："先生不应该专教书，他的责任是教人做人；学生不应该专读书，他的责任是学习人生之道。"教师们设计的"爱祖国"主题活动，将美术创作与中国行政区划、各地风土人情相结合，从儿童立场出发，引导学生自主设计跨学科互动游戏。通过画一画、做一做、玩一玩的沉浸式体验，深化学生对祖国山河的认知理解，提升综合人文素养，让学习成为难忘的成长记忆。

工具材料：

中国地图，中国各省级行政区地图，各省的著名景点、动植物、美食、服饰等图片；绘画材料、剪刀、塑封机、热熔胶、魔术贴、咖啡色及各种彩色不织布等。

步骤建议：

一、说一说

你去过国内哪些地方旅游？那里有什么风景名胜、风土人情？

分组欣赏讨论祖国34个省级行政区的手绘地图以及相关建筑、动物、美食、民族服饰等特色。

二、想一想

祖国幅员辽阔、地大物博，除了去当地旅游，还有什么办法能帮助我们深入了解各地的自然和文化？同学们都喜欢玩游戏，能否设计一款学习了解祖国物产、风俗的互动游戏？

学生讨论交流。

在学生讨论基础上，商定互动游戏方案，讨论创作过程，确定各小组任务。

三、做一做

1. 各小组利用打印的省份地图，用不织布剪裁出省份地图。用黑色记号笔写上省份名称。

2. 参考各省有代表性的风景名胜、民俗风情、动植物图片，在10厘米左右大小的素描纸上进行手绘创作，并标明所画物体及省份的简称。

3. 将所画的数百张图片沿边线剪裁后，在教师指导下用封塑机进行封塑。并在背后粘上魔术贴。

4. 选择适合学生互动的墙面，粘贴咖啡色不织布长卷。

5. 在咖啡色不织布长卷上粘贴学生制作的各省份地图。在地图上粘贴魔术贴，并在不织布长卷下方粘贴与地图范围等长的细长魔术贴，将所有画好的图片整齐地粘在长条魔术贴上。

6. 设计、制作游戏规则，附上大幅中国地图供学生参考。

7. 主动收拾、整理工具和材料，保持课桌和教室的整洁。

8. 欣赏展评，动手玩一玩配对游戏。

附：爱祖国——趣味配对游戏规则

1. 游戏开始前、结束后请清洗双手，保持画面整洁、个人卫生。

2. 寻找标有地区的画片粘贴到相应省份，粘贴时请轻拿轻放。

3. 想了解各行政区面积的学生可在附后的中国地图上查找。

"爱祖国——趣味配对游戏"一经亮相，就以它的高颜值、独创性受到全校师生的关注，每次课间或午休时分，总有好奇的学生前来围观，看一看这些精美的图片都画了什么。幽默的东北二人转、欢乐的傣族泼水节、威严的乐山大佛、高耸的东方明珠、诱人的炸酱面……再看看它们是哪里的，对应的省份地图在哪里。看一看、找一找、贴一贴、玩一玩。很快，数百张图片都回到了自己对应的省份。

每天放学后，社团学生按班级轮流值日，将已经配对好的图片从各省地图上拿下来，整齐地放回下方长条魔术贴上，留出空白地图，供第二天新一批小观众前来配对。也有玩过的孩子乐此不疲地每天都来找一找，玩一玩，祖国各地的壮美河山、珍稀动植物、名胜古迹、风土人情……就这样通过一次次自发的互动游戏渗入孩子的记忆中。

让人物动起来

人物是儿童绘画中经常出现的内容。然而,由于人物画对结构、造型的要求较高,涂鸦期后,儿童原本大胆稚拙的人物造型常常受流行的简笔画影响,逐渐失去个性和表现力,进入人物画学习的瓶颈期。如何突破一二年级的图式期人物画法?在接受台湾吴望如老师线上指导后我们运用建构主义思维,开展了相关教学实践,先带领学生分别制作人物身体的各部位,再进行整体组合。在制作过程中,引导学生认识人体结构关节的作用。通过从部分到整体的组合实践,学生在不知不觉中增进了对人物结构的了解,形成新的人物画思维方式,同时获得亲手制作人物造型玩具的乐趣和成就感。

工具材料:

素描纸、水粉颜料、油画棒;调色纸、洗笔桶、水粉笔、剪刀、羊角铆钉等。

步骤建议:

一、看一看

欣赏动态人物图片,分析哪些部位或关节可以运动。

探究教师带来的动态人物的运动原理。

二、说一说

讨论交流做会动的人物需要做哪些组成部分,用到哪些工具、材料。

你想做怎样的人物?它的动态表情、发型和服饰是怎样的?

三、做一做

1. 做脸部

在一张约 10×6 厘米的长方形素描纸上画上眼睛、鼻子、嘴巴,表情尽量夸张有趣,用喜欢的水粉色涂满长方形纸,留出眼白并为五官涂色。待干后用剪刀自由剪出人物脸部轮廓。

2. 做服装

用油画棒在两张八开素描纸上,随机画上不同的线条和图案,然后在纸上大胆地涂满水粉色,产生油水分离的美丽图案。待干后将图案翻过来,在背面画出上衣和裤子款式,并剪下来。

3. 做四肢

用深浅不同的肤色油画棒在素描纸上涂出若干条长方形色块,以及两只手的形状,分别剪出手、脖子和大臂、小臂以及大腿、小腿。

4. 组合

将剪好的头、脖子、上衣、裤子用固体胶组合粘贴,将剪好的胳膊和腿修剪成合适的长度用固体胶粘在上衣袖口和裤脚处,肘关节和膝关节用羊角铆钉固定。

5. 做头发、脚

在素描纸上用油画棒画出头发、脚,剪下来粘贴到人物合适位置。

6. 完善细节,调整人物动态,完成作品。

7. 摆一摆,玩一玩,轮流介绍自己的作品。说一说:自己在制作过程中遇到哪些困难?是怎样解决的?你最喜欢哪一件作品?为什么?

8. 收拾整理工具材料,保持桌面和教室的整洁。

学生创作的动态人物

会动的纸玩具

为了聚焦"艺起玩"展览主题,教师们设计了多种跨学科互动造型游戏。其中会动的纸玩具制作活动,巧妙运用拉杆传动的机械原理,既激发了学生动脑动手的兴趣,又培养了他们的探究精神。这些新奇好玩的纸玩具,成为活动中深受学生欢迎的作品。

工具材料:

一次性纸杯、固体胶、加厚素描纸、彩色卡纸。

步骤建议:

一、说一说

你玩过哪些会动的玩具,你知道它们有什么奥秘?

二、试一试

将一张平面的纸,通过卷、折等方法变成一个立体的造型。

三、想一想

观察老师带来的动态纸玩具,探究运动原理,理解I型和Y型拉杆运动方式,分析拉杆的巧妙之处,掌握制作的关键步骤。

四、做一做

1. 参考图片或自己发挥想象设计草图。

2.在卡纸上画出玩具主体外形并剪下来,折叠成需要的形状。

3.剪卡纸条制作拉杆,粘贴在合适的部位。

4.调整拉杆的长度,修整细节,完成作品。

5.与同学一起玩一玩,说一说设计最满意的地方。

6.将会动的纸玩具展示在"艺起玩"展厅的互动区域,供更多同学前来互动探究,启迪更多的孩子参与创作。

本次展出还有很多丰富的主题,如"尝美食——欢乐火锅""识药材——本草纲目""编故事——树上树下""巧设计——彩鱼串串""善创想——妙手生花",当然少不了每年的保留节目:优秀课堂作业展。这一年的作业展将作业粘贴在透明塑料长卷上,四米长的巨幅作业长卷悬挂在空中,形成震撼的视觉冲击。一份份精彩独特的作品及别出心裁的展出形式,处处凝聚着师生在美术教学中的智慧结晶。

最美中国色

——树学生艺术自信

> 传统中国色蕴含了深厚的文化底蕴与审美价值,是中华民族独特审美观念与精神追求的体现。在学生成长的道路上,亲近"最美中国色",不仅能够培养他们的艺术鉴赏能力,还能在潜移默化中增强他们的艺术自信。

传统中国色中的每一种色彩都承载着丰富的历史与文化内涵。2023年的"六一",教师们通过引导学生认识中国色——感受传统之美;实践中国色——激发创作热情;传承中国色——增强文化自信,有效提升了学生对传统文化的认同感。

夏绿分照水　秋香满东篱

中国色之美,不仅美在丰富,还美在天然与诗意。学生们创作的一组组冷暖相宜的色彩作品,将夏的绿、水的蓝、稻的橙、菊的黄映在观众的眼底,传统色的意境也随之留在师生心间。

工具材料:

一次性纸盘、马克笔。

步骤建议:

一、说一说

观察、欣赏中国色:海棠红、月白、水绿、黄栌、妃色、竹青等色彩。

讨论中国传统色彩用什么制作而成,有怎样的特点。

二、想一想

如何表现传统中国色的意境?怎样绘制才能取得最佳视觉效果?

三、画一画

1. 小组分工合作,分组以红黄、蓝绿、曙红为主,绘制三种冷暖不同的色调。

2. 用铅笔轻轻将纸盘平均分为若干等份,在其中一份中设计单位纹样,用同色系点线面进行装饰。

3. 继续在其他几份中完成剩下的纹样。为纸盘的边缘与中心设计不同的色彩和花纹,产生节奏和疏密对比。

4. 小组完成后,互相欣赏展评,进行调整后组合粘贴成大幅作品。

青赤黄白黑　醒狮振国威

醒狮属于南狮体系,主要流行于中国南方地区,尤其是广东、广西等地。醒狮的色彩具有象征意义:青色象征勇猛忠烈,红色象征忠义财富,黄色象征富贵仁义,白色象征纯洁神圣,黑色象征勇猛霸气。中国传统文化中以青赤黄白黑为正色。学生们通过画醒狮、识五色,感受中国传统色与民俗活动的独特魅力。

工具材料:

醒狮视频或图片;熟宣卡纸、马克笔、记号笔等。

步骤建议:

一、说一说

欣赏醒狮视频和图片。你见过舞狮吗？在哪见过？给你什么感受？

讨论人们为什么舞狮。学一学舞狮的动作。

二、想一想

醒狮最精彩的部位是哪里？有什么特点？

教师介绍熟宣卡纸的特性与使用方法,引导学生思考怎样构图能够体现醒狮的威风与美感。

三、画一画

1. 铅笔轻轻起稿,突出大眼睛、高额头、宽嘴巴的特点。

2. 用马克笔为醒狮涂色,用笔尽量表现出毛发的质感。

3. 调整、点睛、落款。

4. 完成后,互相欣赏展评。

魏红深浅配姚黄　宫衣古色溢华章

宫衣是古代宫廷女性礼服,多用于皇妃、公主在后宫闲适场合穿着。从魏晋时期开始,贵族女性流行穿大袖宽衫,下摆缀有三角形装饰布,腰上系围裳,裳下垂挂长飘带。这种服饰在走动时富有韵律感,尽显灵动飘逸之美。唐代服装刺绣逐渐发展得更为华美富丽,纹样多有吉祥寓意。通过临摹宫衣形制,引导学生发现古今服装的审美差异,感受古代宫衣的色彩与纹饰之美。

工具材料：

宫衣视频和图片；卡纸、马克笔、记号笔等。

步骤建议：

一、说一说

欣赏电视剧片段，讨论：古代宫衣有什么特点？美在哪里？

为什么现在很少人穿这样的衣服？哪些人或场合会穿宫衣？

现代服装与宫衣有哪些区别？

二、想一想

宫衣的款式分哪几种？纹样一般集中在什么部位？

怎样将宫衣最美的部分表现出来？

三、画一画

1. 选择自己喜欢的宫衣款式，观察、思考怎样改画成自己喜欢的款式。

2. 铅笔起稿，只要画出衣服的一半即可。

3. 涂色、添画细节。

4. 完成后，剪贴装裱在另一张卡纸上，互相欣赏展评。

引导学生认识与创作"最美中国色"的过程，也是传承中华民族文化基因的过程。教师通过讲述色彩背后的历史故事和文化内涵，帮助学生更深刻地理解中华优秀传统文化的独特魅力。鼓励学生们将中国色融入日常生活与创作中，不仅是对传统文化的尊重与传承，更是对文化自信的彰显与弘扬。他们将在认识、创作与传承中国色的过程中，逐渐树立起对艺术的热爱与追求。这种自信将伴随他们成长，成为未来艺术道路上的不竭动力。

夏绿分照水，秋香仍满地
学生色彩集体创作

雨过千峰泼黛浓
社团学生扎染作品

华夏纹样

——引学生领略经典

> 华夏纹样,深深植根于中国传统文化,历经千年的沉淀发展,已然成为中华民族文化宝库中的璀璨明珠。它存在于每个朝代的服饰器物之上,也隐藏在宫阙楼台之间。它不仅是中国传统美学的魅力之源,更是古人登峰造极创造力的集中展现。随便撷取一个传统纹样,其寓意、配色与线条都令人深深折服。

缤纷拓印

在制作纹样中,常需重复相同的单独纹样以形成二方连续或四方连续图案。若靠手绘完成,不仅费时费力,且难以保证精度。教师们开发用吹塑板进行刻制拓印工艺,通过排列、组合、重复的设计手法,结合同类色或者对比色搭配,带领学生创作出精美的大幅四方连续纹样。

工具材料:

四方连续图案;吹塑板或 KT 板;记号笔、铅笔、小尺、美工刀;四开水彩纸或素描纸、颜料、毛笔、涮笔桶等。

步骤建议:

一、说一说

欣赏四方连续纹样,讨论:四方连续纹样有什么特点,你在哪里见过?

你能看出其中的基础纹样是什么吗?

二、试一试

教师拿出裁成方形的吹塑板或 KT 板,分别在四条边上逆时针标注上 A、B、C、D,在 A、B 两边画出两道不规则弧形,用美工刀沿着弧线切割下来,请学生上前将切割下来的 A 边平移到 C 边,B 边平移到 D 边。

师生合作用纸胶带固定拼成的形状。

三、做一做

1. 学生独立尝试制作不规则底板。

2. 在不规则底板反面用记号笔设计纹样,尽量饱满、有疏密对比。

3. 用铅笔沿着记号笔设计的纹样扎出一个个紧密的小洞,让点连成线,(也是篆刻里的阴刻法,让图案凹陷留白,背景有颜色)将所有纹样都用铅笔扎成凹线。

4. 选择同色系颜料进行调和,用毛笔或海绵蘸色,薄薄地涂在底板上。

5. 将涂好颜色的底板依次覆盖在准备好的四开水彩纸或素描纸上。印制第一个图案时,C、D两条线跟纸的边缘平行。

6. 重复以上步骤,每印一次都像拼图一样,上下左右完全契合地印制完成。

7. 作品完成后,将大家的作品进行组合装裱,相互欣赏展评。

瑞兽珍禽

青铜器在古时被称为"吉金",是红铜与锡、铅等的合金。新铸青铜器呈现金色光泽,出土后青铜因为氧化锈蚀变为青绿色,故称为青铜。商周时期,青铜器铸造技术进入鼎盛时期。青铜兽面纹从早商开始出现,一直延续到春秋时期,有的带有躯干、兽足,有的仅作兽面。由于兽的面部通常巨大而夸张,装饰性很强,常作为器物的主要纹饰,与古代人民的精神生活息息相关,充分体现了古代工匠的智慧和创造力。通过欣赏并制作中国古代青铜器兽面纹及其他神兽纹样,为学生构建传统纹样体系提供新的维度。

工具材料:

兽面纹以及神兽图案若干;吹塑板或KT板;复写纸、铅笔、美工刀;素描纸、颜料、毛笔、涮笔桶等。

步骤建议:

一、说一说

欣赏兽面纹,讨论:青铜是青绿色的吗?兽面纹有什么特点?

你在哪里见过青铜器?除了兽面纹,你还知道哪些神兽?

二、想一想

你喜欢哪一个兽面纹或神兽?我们可以怎样表现古代神兽的古老和神秘?

观察教师示范局部制作方法,你认为注意哪些问题能印制得更好?

三、做一做

1. 在KT板上画出兽面纹或神兽图案,有困难的学生可以用复写纸复印。

2. 用铅笔以戳点连线的方式刻出外轮廓。

3. 用铅笔戳出细节。

4. 用剪刀或刻刀去掉外轮廓以外的部分。

5. 在兽面纹底板上涂上薄薄的颜料,印在准备好的素描纸上,注意在背面均匀磨压,使颜色更清晰。

6.将大家的作品进行组合装裱,相互欣赏展评。

学生拓印的兽面纹作品

天花藻井

在古代建筑中,室内常用穹隆状装饰物进行遮蔽,这些构件称作天花。这些天花的每一方格为一井,又以花纹、雕刻、彩画等装饰,故名藻井。其造型多呈伞盖形,由细密的斗拱承托,象征天宇的崇高。敦煌藻井与中原藻井略有不同,它简化了中国传统叠木藻井的复杂结构,采用中心凸起,四面斜坡的倒置斗形设计,形成下大顶小的独特造型,营造出一种高远深邃的感觉。教师们通过带领学生临摹藻井纹样,引导他们走近敦煌,探索"最美天花板"的文化密码。

工具材料:

KT 板;超轻黏土、马克笔。

步骤建议:

一、说一说

欣赏敦煌藻井纹样,讨论:人们为什么在屋顶上装饰这么繁复华美的纹样?它给你怎样的感受?古人是怎么把纹样画在屋顶上的?

葡萄纹、莲花纹、联珠纹、忍冬纹分别有什么特点?它们的组合有规律吗?

二、想一想

藻井的色彩有哪些特点?你能选择两到三种藻井的传统纹样自己进行组合设计吗?

三、做一做

方法一:画藻井

1.用铅笔起稿,可以自己独立设计,对称重复纹样用硫酸纸复印。

2.配色绘制,挑选与敦煌藻井色彩接近的颜色进行涂色。

3.细节调整,完善作品,相互赏评。

方法二:塑藻井

1.用铅笔在圆形 KT 板上起稿。

2.选择合适的超轻黏土,捏出花纹粘贴在相应部位,直至全部装饰完成。

3.将大家的作品进行悬挂组合,相互欣赏展评。

以学生创作的藻井改样为灵感设计的文创帆布包

除了以上几种纹样,学生们还创作了"流水行云"——伞上水纹、"湛蓝闪蝶"——立体蝴蝶、"花袖善舞"——袖底乾坤、"隽美青花"——清雅曲线、"清风徐来"——扇面纹饰、"身边寻美"——纹样新编……对华夏纹样的深入研究,不仅有助于我们更全面理解中国传统文化的深厚底蕴,更在培养学生的审美情趣和审美能力方面具有不可替代的教育价值。

流水行云伞上水纹 　　　湛蓝闪蝶 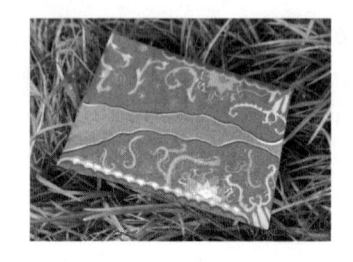　　　花袖善舞

隽美青花 　　　扇面纹饰清风徐来 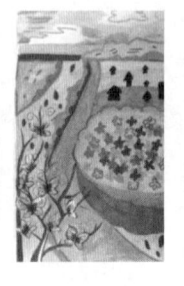　　　身边寻美 　　　纹样新偏

华夏纹样主题展学生作品

公益现场

——邀学生点亮微光

> 苏霍姆林斯基在《怎样培养真正的人》中说:"一个人只有在他懂得爱的时候,才会成为真正的人。"美术教育富含情感体验和生命意蕴,教师应通过丰富的美术活动不断地为学生的心灵松土,并播撒下良善的种子,守护它们向上向光生长。

走进福利院,携手孤儿扎染汗衫

2018年7月2日,"幸福涂图"美术社团联合淮安市低碳环保教育中心,来到淮安市儿童福利院进行了一场爱的接力活动。在近20名社团同学及其家长的帮助和陪伴下,福利院儿童第一次亲手扎染了一件属于自己的汗衫。真正的善不是施舍弱者,而是尊重弱者,让弱者变得强大。

下午一点半,志愿者们带着植物染料、工具和已经浸泡的白汗衫来到福利院,开始活动的前期准备工作,教师在活动前进行亲切的叮咛。

一组组家庭提着扎染工具、材料,带着一支康乃馨和一份美好的祝愿,有序地进入儿童活动区。福利院大部分孤儿因为患有智力障碍或肢体残疾被家人遗弃,能参与活动的孩子已经属于是身心较为健康的。身着扎染汗衫的美术社团学生与福利院孩子很快组成了互助组,开始热身游戏,手拉手围成一圈唱起了《蜗牛与黄鹂鸟》手语歌。

接着,大家在小桌上铺上一次性台布,志愿者们开始分发扎染材料,手把手教福利院孩子给汗衫打结,每位志愿者都热情地与孩子们商量、讨论,或亲密无间地互相帮助,或鼓励他们努力自主完成一次小小的扎结。小孩子也忙着递皮筋,歪着小脑袋看得入迷。在扎好的汗衫浸入染料等待的时间里,孩子们开始分组比赛唱歌,并为小组起个好听的名字,每个人都加入欢乐的歌唱行列。浸染时间到了,孩子们找到自己扎染的汗衫,满怀期待地一点点拆开,汗衫已经变魔术般的布满神奇花纹。看着自己第一次亲手参与制作的扎染汗衫,福利院孩子好像也化身蓝精灵,露出了发自内心的笑容。

虽然大多数志愿者是第一次参与,但都迅速让自己融入团队。不管是遵守"手机静音,不拍照、排队行进有秩序"的默契要求,还是手拉手共唱《蜗牛和黄鹂鸟》的手语歌,或是共同见证"火箭队""火焰队""精英队"三组队名的诞生,在最后分享环节中,蓝精灵们喊出发自内心的口号：开心快乐！一切都在忙碌而有序中进行，每位志愿者都主动找事做，确保物品及时发放、地面清理迅速、扎染过程中井然有序。

从福利院出来，大家的心里充满感恩——感恩自己拥有健康的身体和完整的家庭，这份平凡在对比中愈发显得珍贵。学生们感受到，帮助别人，意味着自己有能力；举手之劳不仅能点亮他人的生活更能让善意在彼此心中生根发芽。从小懂得要做社会进步的参与者和推动者，投入更多充满"尊重、理解、爱"的公益现场，将来成为具有社会责任感的成熟公民。

美丽淮安，我是行动者

2018年12月，天空飘着小雨，"幸福涂图"美术社团师生与慈济慈善环保教育基地携手开展了"美丽淮安，我是行动者"的健身环保活动。为了组织好活动，教师们利用周末提前到里运河徒步试走路线，记录沿途名胜古迹，并根据收集的资料，指导学生手绘里运河地图、刻制里运河景点橡皮章，在活动中将景点闯关、寻古打卡、捡拾垃圾、诗歌朗诵融为一体。

上午8:30，学生们在家长的带领下来到集合点，领取了同学们手绘的里运河地图，穿上雨衣，带好"装备"——捡垃圾工具，整装待发。教师讲解了地图的集章说明，环保教育基地的赵珊老师号召大家比一比谁捡的垃圾多。大家高举环保旗帜沿途一路探寻古迹，一路捡拾垃圾，独特的行进队伍吸引了市民们的目光。

行进过程中，学生们通过一次次的弯腰捡拾，不仅体会到了环卫工人的辛苦，也感受到通过自己的努力，使路面变干净的自豪与快乐。景点闯关密语、诗歌朗诵、手语表演、糕点分享等环节趣味盎然，其乐融融，在现场掀起一次次高潮。

大家齐聚里运河畔共捡垃圾，既锻炼了身体，又增进了亲子间、朋友间的情感交流，更加深了对家乡历史文化的了解。

发现美、维护美、创造美，"幸福涂图"美术社团师生用行动谱写着"美丽淮安，我是行动者"的动人篇章。

童年的桃花源

江苏师范大学三年级　庄言

一转眼竟然已经十年了,回忆就像滚动的胶片,在我脑海里模糊又清晰地晃。不经意间已经咧开了嘴角,仿佛被暖阳笼罩,鼻尖全是幸福的味道。

如果说,幼时的我心里有一颗美术的小种子,那"幸福涂图"就是让这颗种子生根发芽、茁壮成长的地方。

十年前,王老师给我们带来了"幸福涂图"这个小家。这个小家依托美术课堂、社团活动等,把我们一群懵懂的孩子集合起来,让我们领略到了美术世界的无尽缤纷色彩。仔细回忆了一下我的前十八年,小学,确是我得到艺术熏陶最深刻的时期。"幸福涂图"开拓了我的视野:原来美术不仅仅是纸与笔的接触,原来手指赋予陶土形态也是美术,原来小刀描摹木板的皱纹也是美术,原来剪刀亲吻彩纸也是美术;原来留下叶子就留下了自然的气息,原来纸糊兑上颜料做的画那么好看,原来豆子也可以成为美的载体……这些都让幼时的我惊叹不已,好像步入了另一个世界,一切都那么奇妙与精彩。

如果问,"幸福涂图"给我带来了什么?

对于现在的我,是一段无比珍贵的经历与回忆,是闲暇时活动放松的孵化室。对于幼时的我来说,很简单又很深刻,是一种心灵层面的满足,是自信的一个来源。当第一次独自完成2米多的巨幅画,当第一次会用数位板绘画,当自己画的透明伞被挂在一楼大厅顶上展示,都让我产生一种内发的满足感。这种满足不同于得到一次100分的感觉,因为学业上的成绩是被判定的,是他人给予的,这种满足则源于创造,是自发的。在美术的世界里,我们都变成了女娲,创造物,创造"生命",成为"我的世界"的主人。

"幸福涂图"已经十岁了,可以说,她是从王老师温暖的怀抱里捧出去的。直到现在,王老师温和的笑容、温暖的声音、温婉的身影,在我脑海里仍是那么清晰。总觉得,王老师像一块玉,温润且纯净,平静而有力量。

每当回忆起这段时光,都会有一种被幸福包裹的感觉。很庆幸我那萌芽的美术天赋得到了"幸福涂图"的这片沃土,虽然之后我没有走艺术的路,没有就读于美术类院校,但是美术已经成了生活的一部分,让我的空闲时光不只有手机,还有丙烯、不织布、石塑黏土……

这是第一个十年,"幸福涂图"还会有一个又一个十年,还会成为一个又一个孩子童年的桃花源。

第四章 怎样走进学生的内心世界

假如我能使一颗心免于破碎,
我就没有白活一场。
假如我能消除一个人的痛苦,
或者平息一个人的悲伤,
或是帮助一只迷途的知更鸟
重新返回它的巢中,
我就没有虚度此生。

——[美国]狄金森

一本特殊的"影集"

——我想记住你的模样

> 这是一本特殊的"影集",每当我一个人在家翻看"我想记住你的模样"速写集,总会涌起一份温暖的怀念与感动。虽然过去六年了,那些为学生画速写的往事仍历历在目。

2019年7月初,我画完了五年级六个班所有学生的速写,利用暑假时间编辑成美篇速写集,起名"我想记住你的模样"。

速写集的第一张是从2018年12月3日开始画的。起因很简单,我记忆力不佳,这一届从二年级一直带到五年级,很多学生还叫不上名字。与这群孩子朝夕相处的四年,被他们的天真淳朴深深感染,每一名学生都具有独一无二的脾气性格,作为教师的我很是珍惜,起念用画笔收藏孩子们的天真,用他们尚显稚嫩的笔迹签上自己的姓名!

面对面画速写很有意思,有的学生显得紧张,坐得很端正;有的学生保持原来的姿态,淡定得几乎没啥表情;有的有些羞涩,有的问能不能美颜啊?四班的闻人李翔说:"老师,你能不能画快点,我坐着不动难受。""好!我尽量吧。"于是只用了两分钟画完……

每一个学生,都有不同的个性,每一个班级都给我不同的印象。

一班的速写画得比较慢,不知从什么时候起,美术课堂里出现了几位"变形金刚"(语数英与美术课上的表现迥然不同),我也常会出现一两句"河东狮吼"。我们就这样教学相长、相悦相杀地度过了一节节美术课,我曾担心偶尔"厉兵秣马"的课堂会给赵若琳这样的乖孩子带来压力,后来看她的作业本画得相当不错,稍稍得到些安慰。

在二班的最后一节课给大家画速写时,我发现几乎所有学生都戴着红领巾,很是可爱!郑子睿常常有不同凡响的构图,周芯走路队最自律,总是能记住老师的要求!王智轩的画面空间感好得常常让老师叹为观止。

三班的学生速写是画得最快的,几乎在课堂上和课间全部完成,别看平时大家似乎漫不经心,喜欢嘻嘻哈哈,原来胸中自有乾坤,厉害!

四班的学生整体如阳光般和煦,孙羽佳的笑容,刘涛的行礼鞠躬,马榕悦、陈瑶的慢条斯理、淡定从容,都是那么纯净平和。

五班的李可睿、陆润玉有一支神奇的"画笔",能随心所欲地画出生动优美的造型,而万盈初喜欢的萌宠画法中常常寄寓了深远的思考,金圣恩则有着画家般的观察力和自信。

六班卧虎藏龙，拥有一大批绘画高手，课堂上无论老师抛出怎样的画题，总能给出出色的答卷。

每天利用课间十分钟、课堂作业间隙、大课间，我按照学号顺序，用眼睛捕捉、用画笔勾勒学生们的容貌神态，陆陆续续画了半年多。有的班级画得慢，学号靠后的孩子着急地问："马上都放暑假了，还能画到我不？""老师既然答应你们的，肯定画完！"从去年冬天画到今年暑假，学期结束时还有一小部分没画完，只好想办法拍了照片回来画，最后终于在暑假初全部完成。

本来只打算收集给学生们画的肖像速写，后来想把学生们自己画的速写也放进来，于是学期末的最后一节美术课，就让孩子们写生自己的左手。很多学生画了手之后，又给手添加了有趣的创想，妙趣横生。

从专业的角度看，我和学生们的速写线条还不够精练、造型也不够精准，但那瞬间的专注与投入是真诚的，记录的时光与情感是真挚的。我希望用这样的方式留住并延伸对孩子们默默的关注与祝福！

"我想记住你的模样"学生速写集在班级群分享后，立即收到家长们的热烈反响。班主任将家长们的饱含感动的留言转发给我，我也被这些真挚的话语深深打动。在家长们内心深处，无不希望每个孩子都能被同等善待。此时，我和家长虽未曾谋面，却因这本速写集引发了一次深刻的情感共鸣。

速写集迅速被家长们转发，同事开玩笑说："朋友圈都被速写集刷屏了。"几天后，我接到淮安日报记者的电话，对方希望对我进行采访，聊聊为学生画速写的故事。不久，速写集就作为"暖新闻"发布在"淮安发布"平台和淮海晚报上，让更多的人领悟到"每一个孩子都值得珍惜"的教育真谛。

学生速写作品

一份特别的名单

新学期第一节美术课上，我正和学生们讨论新学期的学习内容，发现一个小女孩一直没有听，提醒她时，她的同桌举手告诉我，这个小女孩在前面同学的座椅后背上乱画。我走近一看，椅背上果然已经用记号笔画了很多乱七八糟的线。问女孩是不是她画的，她面无表情地默认了。其他同学都看向我，等着看我如何批评处罚，我心平气和地问女孩："在教室的椅子上乱涂乱画对不对？这多难看啊，下课把它擦了吧。"立即有学生说："老师，她用记号笔画的，擦不掉。"又有学生说："用橡皮使劲擦，能擦掉一点。"女孩大概也觉得擦的任务太艰巨，眼神有点沮丧。"我下节课带工具给你擦。"我胸有成竹地告诉她，然后继续上课。

第二次上他们班美术课，我把带来的白色海绵擦拿出来，湿了水，当场擦了一些线条墨迹给学生们看，告诉那个女孩子要想擦得更干净，还可以打点肥皂。对自己做的事负责，做错的事要尽力改正，我希望全班学生明白这个道理。看了我的示范，女孩有了动力，她去卫生间用海绵擦沾上肥皂水，一声不吭地蹲在椅子旁边，也许是把它当成另一项有趣的游戏，花了半节课的时间把乱涂的线条擦得几乎看不出痕迹了。看着干净的椅背，我让她对比椅背的变化，感受干净的环境给人带来的愉悦，又及时全班学生进行了爱护公物的教育，同时也肯定了小女孩为纠正错误付出的努力。

新学期每接手新的班级，记学生姓名是一件让我大费脑筋的事，因为班级多，一周只有两节美术课，想了很多办法都收效甚微。这学期我请学生们动动小脑筋，把自己的名字编成谜语给我猜，还真记住了不少，比如"祁家的新博士"——祁新博，"费家的小太阳冉冉升起"——费小冉。"姓名猜猜看"成了学期初我和学生之间的趣味小游戏。

沉默的擦椅背小女生当然不会参加这种游戏，但我却因她的不同寻常记住了她的名字——小妤。

又一次美术课上，大家都在完成着作业，我注意到小妤在自己的本子上画着什么。我问她为什么不画作业，她看都不朝我看，并不理会我的问话。我端详着小姑娘，白皮肤，粉色镜框后面，有一双澄澈秀气的大眼睛，头上扎着粉色蝴蝶结，很可爱的小姑娘，不知为什么总是一副冷漠的表情，对周围的一切丝毫不感兴趣，我寻找着走进她内心的机会。

又轮到美术课了，小妤照例画着自己的东西，看我走过来，不想被我看见，迅速将东西往抽屉放。我阻止了她，轻声对她说："没关系，你在画蛋糕？送给谁的啊？"她声音很小地告诉我："奶奶。"原来今天是奶奶生日，她要画个大蛋糕送给奶奶，已经用午休时间画了外轮廓。我决定为小妤破个例,帮她完成这个心愿。我对全班同学赞扬小妤的孝心和美好愿望,并且让她用美术课的时间继续完成,美术课堂作业可以稍后完成。听了我的话,她松了一口气,继续安心画起了蛋糕。

教育孩子如同栽种庄稼,稻麦桑麻,有着各自的生长规律;每个孩子也有着各自鲜明的特性和自己的花期,又何必整齐划一呢?

后来知道小妤还有个刚会走路的妹妹。有一次我发现小妤脸上青了一块,同学说是古诗没背上来被妈妈打了。想必因为妹妹的出现,家长将更多的关注从小妤身上转移,发现她学习上的问题却又因缺少精力和方法而着急上火,我理解了小妤为什么总是郁郁寡欢。

后来每节美术课,我更仔细观察小妤的状态,针对她的爱走神和特立独行,时常进行引导,有意无意地多走过她的身边,或提醒她注意听讲,或鼓励她的个性表达;不会做海洋生物,我便拉张凳子坐在她对面,做水母给她看,这时的她看起来很开心。

对于她不爱画课堂作业,只喜欢自己画画的习惯,我向她提议先完成课堂作业,再画自己的内容,鼓励她掌握更多的绘画技巧,才能更好地表达自己的想法。

课间,在走廊上遇见她,我也会主动跟形单影只的她打招呼,还会见缝插针地关心几句。

慢慢地,她的美术作业本上开始出现课堂讲授的内容,从最初散落的小形状,到构图饱满、主题明确的完整画面,她一步步融入了美术课堂学习中。

有一次上课,我照例提前来到教室,打开投影仪,做课前准备工作。这时,小妤过来递给我一张纸,然后笑着看看我说:"上课时记不得名字可以看。"我接过来一看,一张笔记本格子纸上,用蓝色钢笔书写着班级名单,字迹整齐美观,姓名前还用圆圈整齐地标着学号。这时,有好几个学生围上来,七嘴八舌地对我说:"这是小妤写的,你说记不得同学名字,她就帮你写。""有的同学名字她不知道,就下课去问同学,让同学写给她……"

我这才明白,由于开学初我记不住学生名字,于是想办法让学生编姓名谜语,还让学生们把名字按班级写在我工作笔记上,但有时上课又把笔记本落在办公室……这件事被小妤放在了心里。不知什么时候,小妤决定为我写一份班级名单,帮我记住学生姓名。三年级升四年级时重新分了班,很多同学她也不认识,她就利用课间带着纸笔一个一个去问不认识的同学,请同学把姓名学号写在纸上。就这样统计出全班四十几个同学的姓名和学号。

看着这份特殊的名单,我非常意外,更被小妤的创举感动。我很难想象不爱说话、喜欢独处的小妤,牺牲了多少休息时间,怎样一个个请教陌生同学,毫无差错地完成这一张整洁、工整的名单。当名单递到我手里,学生们纷纷告诉我这件事的经过时,我感动得连声道谢。小妤只是在边上看着,仍然什么也不说,笑眯眯的脸庞在大大的蝴蝶结衬托下显得格外好看。

谢谢你,聪明又善良的小妤。

后来课间再见到她时,她也会主动地迎上来,我也会热情地与她打招呼,有时亲热地搂搂她的肩,有时默契地相视一笑,有时轻轻摸摸她的小脑袋……

虽然她还是不爱说话,但我已经从这份特殊的名单上听懂了孩子想说的一切。

一张珍贵的纸条

第一次注意到小山,源于一名小女生愤愤的"投诉"。

那天刚踏进教室,就有个文静的女孩子向我告状,说小山干了什么坏事,由于生气,语速很快,加上环境比较吵,没办法听清她具体说什么。只知道小姑娘很生气,等着老师来主持公道。于是我找来小山,瘦瘦小小的他站在我面前,看了看我,好像知道自己错了,低垂下眼睛一声不吭。和小女生一起等着我处罚他,这时上课铃声给他解了围,我看着安静木讷的小山没有批评他,温和地让他回到自己座位,告诉他以后注意。这样的处理,显然让刚才的小女生不满。

原来他俩是同桌,都坐在第一排,因为琐事发生了矛盾。上课了,小女生情绪还未平复,她将自己的课桌从小山课桌旁拉开,并不停地用眼神表达她的愤怒。看她如坐针毡的样子我只得临时将她安排到旁边一张空位置,小女孩立即逃离般在新座位坐下,还用嫌弃的目光划清与小山的界限。

手足无措的小山不知该怎么缓解自己的尴尬,不时掉转头看看后排同学的反应。我只当什么事也没发生,继续上课,他也慢慢放松下来。等到画画时,他更安静了,我走近一看,他的线条稳定有力,画的形状也富有想象力。我立即在全班表扬了他,他停下笔,腼腆地咧着嘴笑了一下,仍然什么也没说,并不因我的夸奖而喜形于色,又自顾自继续画了起来。

从这之后,我每到小山班上课,总不忘关注他上课的表现。看得出,他是个极不善言辞的孩子,即使与同学发生矛盾,也无力为自己辩解。由于不善沟通,加上孩子气的蔫皮,他会时不时地拽拽同学小辫子、写小纸条与同学吵架,经常招致女同学误解厌烦,学习成绩也可想而知。

苏霍姆林斯基在给教师的建议中写道:"在学习中取得成就——这一点,形象地说,乃是通往儿童心灵中点燃'想成为一个好人'的火花那个角落的一条蹊径。教师要爱护这条蹊径和这点火花。"

小山在美术课上并不调皮,但也从不发言。每次作画,总是安安静静地投入在自己的想象中,不一会作业本上独特的造型语言总能让我感到惊喜,有种无拘无束的想象力和独特的纯净之美。我发现了属于他的自我表达方式:画画。于是,美术课上巡回指导时,总不忘欣赏、赞扬他画的迷人之处,让同学们对他多一些了解,找到他在班级的存在感,点燃他"想成为一个好孩子"的心灵火花。

第一学期结束时,我从每个学生的美术作业挑选了几张,拍成照片,按班级做成电子美术作品集。虽然小山班级也有很多学生的作业和他的画不相上下,但相较于那些品学兼优或能说会道的孩子,处于集体边缘、少言寡语的小山更需要被看见的机会,我毫不犹豫地选择了他的一幅精美作业作为班级网上作品集的封面,随后请班主任分享到班级家长群。

第二学期的美术课,他的画依然画得很自信,偶尔能举手发言了,还主动带来需要的美术资料和书籍。有段时间学校活动比较多,有一次,他和几位同学忙着什么事,直到快下课才回到美术教室。下课后,他走到讲台边,轻轻地问我:"今天美术课我没听懂,不知道什么意思。"这是他第一次主动对我说完整的一句话。我看出了他对待美术课的郑重和认真,眼前已不是那个看到老师就垂下眼睛一言不发的他了。我把新课内容给他讲了一遍,但毕竟是课间,速度快了很多。尽管如此,他听得很仔细,还抽空补上了依旧精彩的美术作业。

学期末最后一节美术课上,我给每位学生发了一张问卷纸条,请他们写一写本学期美术课最喜欢哪几节,掌握了哪些本领,对老师有哪些建议等。大家都很认真地写着。下课了,我收拾好东西回办公室,发现小山静静地跟在后面。我笑着对他说:"小山,下学期老师不一定教你们了哦,老师会想你的。"他听了依然不说话,继续跟着我安静地往前走。

来到美术教室,我放下手中的教具,问小山:"小山,你是不是还有什么话要对老师说啊?"

这时,他才鼓起勇气对我说:"我的纸条背面有一句话,我想请你看一看。"

哦?我找出他的问卷纸条,只见背面右下角写着:"王老师,这是最后一节美术课了,我在这想根(跟)您说,谢谢您,辛苦为我们上课,再见了,王老师,我永远都会把您记在心中。"

意外的文字表达深深打动了我,眼眶不觉有点湿润,我抱了抱这个腼腆的孩子:"谢谢小山,老师也会记住你,新学期要继续加油哦。"他笑着咧了咧嘴。

这个不善表达的小男孩,特地从教室一路默默地跟着我走到这里,原来是为了当面让我看纸条上的这句话,回应老师对他的每一次鼓励和赞许,替他说出内心的感谢。

这张无声的小小纸条,却谱写出师生情谊的动人乐章。

一幅"走题"的画作

2022年10月的一个清晨,淮安市教师发展学院鲁主任带领着我和一位音乐老师、一位体育老师,驱车前往洪泽区东双沟小学开展公益研修活动。

十点左右,全校学生在操场做课间操,我来到空无一人的四(1)班教室,从包里拿出颜料、调色盘、纸张,开始第三节课《听音乐、画音乐》的课前准备工作。不一会,有几个做完操的学生回到了教室,好奇地围观我这个陌生老师。

来时一路颠簸,不少油画棒从盒子的格子里蹦出来,散落到外面,我想待会就发给学生用了,乱点也不要紧。我正往调色盘里倒水挤颜料,这时一个高个子男孩来到讲台边,小声说一句:"老师,我帮你。"随后,油画棒就被他一支支从格子外面放回到原来的位置。我忍不住夸奖了他一番,表扬他的主动和耐心,并且询问他是否愿意课后继续帮老师整理油画棒。他答应着回到最后一排自己的位置。

材料准备就绪,我抬头看看教室,学生们已经回来了一大半。我转到教室后排,看到一位身材不高,穿着打扮看上去既不像学生也不像老师的朴实女子正局促不安地站在男孩子座位旁。看着我有些好奇的目光,她有点不好意思地笑着告诉我,她是高个子男孩的妈妈,孩子平时太调皮,因为今天班级有外校老师来上课,为了防止他调皮捣蛋,班主任特地请让她今天来学校陪着孩子。我听了有点意外,马上热情地对孩子妈妈说:"这孩子挺好的,刚才主动帮助老师整理油画棒,做事有条有理,非常棒,待会下课还请他帮我整理呢。"孩子妈妈高兴地笑了。

不一会,上课铃声响了,我带领全班学生投入进音乐和点线面的世界。这个偏僻乡村只有21名学生的班级,呈现出的音乐素养大大出乎我的意料,无论是对乐器声的辨别,还是对乐曲的感受,丝毫不逊色于城里的学生,加上他们天然的淳朴气息,整个课堂教学在一种轻松热烈的互动氛围中进行。我不时关注着最后一排那个高个子男生,只见他埋头在课桌上忙着什么,很少抬头看黑板,我几次将问题抛给他或用眼神鼓励他,试图将他引入课堂,他都像从梦中被叫醒,短暂地抬头扫视几眼,又沉浸于自己的世界。两位坐在他课桌边的中年男老师,用无可奈何的微笑回应我的努力。

听一听、想一想、说一说、画一画,课堂井然有序地进行着。学生们专心地拿着油画棒用抽象的点、线、色块表达心中音乐的节奏、强弱、高低,用水粉色表达音乐舒缓与热烈的不同情绪,忙碌的时间过得很快。随着学生们的作业一幅幅完成,课堂进入作业展示环节,我请所有学生将自己的作品张贴在黑板上,邀请大家来到讲台上近距离欣赏作品,说说自己最满意的地方,最喜欢谁的作品,猜一猜其他同学画的是什么音乐。学生们七嘴八舌地围在作品前发表见解之际,高个子男孩最后一个匆匆走来,把他的画交到我手里。我接过来一看,画面上画了两个人物和建筑,轮廓清晰,涂色也很——工整细心,看得出来他画得很用心,但与今天学习用抽象的点线面表达音乐的要求完全无关,显然这是一幅走题的作业。我先肯定了他的用心,又不无遗憾地告诉他,要用抽象的点线面来画音乐的声音,不能在画面上画出具体的事物。我让他把画拿回去,重新给他一张纸,让他试一试用点线面画喜欢的音乐。他似懂非懂地回到座位,其他学生的讨论还在热烈地继续,几分钟后,他迅速交给我第二幅画,上面画了大大的三角形和正方形,也认真地涂了一点颜色。我微笑着肯定他的努力和改进,尽管缺少其他同学作品的丰富笔触和灵动色彩,我还是将他的作品粘贴在黑板最上方的空白处,带领他融入集体欣赏的氛围中。

下课后,我帮学生们将自己的作品从黑板上拿下来,高个子男孩又拿着他的第一幅画来到我身边,郑重地告诉我:"老师,这张画是送给你的……""画上的这个人是我,那一个人是你,中间是学校……"直到这一刻,我才明白这幅画对他的意义。原来,这一节课他用全身心画的这幅画,是要表达对我这个素昧平生新老师的一份感情。我被他那份非同寻常的敏感与真诚深深打动,认真地收下了这幅充满爱的画作,告诉他我一定会好好保管。

他开心地如约帮我整理好所有的油画棒,我把所有材料收拾好后,拎着材料袋走出教室,他和妈妈也跟着我走下楼梯。他边走边急切地问我:"老师,你什么时候再来上课?你还会再来吗?"我无法给他期待的答复,更不忍心欺骗他,只好模棱两可地说"也许会的。"班主任老师在旁边又怜爱又无奈地帮我解围:"老师要回自己的学校了,你可能永远也看不到王老师了。"事后,班主任告诉我,这孩子性格较特别,语数学习有些吃力。与同学发生矛盾时,因为他个子高大,动作不知轻重,经常引发状况。父亲长年在外工作,得知孩子在校情况后,出于关心和急于纠正,管教方式非常严厉。长期如此,孩子在班级更加内向疏离,成为老师眼中需要特别关注的学生。

然而,就是这样一个特殊的孩子,因为课前获得老师的鼓励和肯定,整整一节课全然投入在自己的世界里。在他眼里,此刻最重要的事只有一件——就是要把他接收到的理解、鼓励,用爱的方式表达出来,回赠给老师。

这幅"走题"的画作,虽然没有契合这节课的主题,却答出了教育的真谛:理解、尊重、爱,它实在是一幅"诠释"生命的最好答卷。

一首心仪的歌曲

2023年9月到2024年6月这一学年,我和五年级孩子们一起听了63首歌。它们按顺序分别如下:

第一学期

《武家坡》《向云端》《听妈妈的话》《少年中国说》《奔跑》《踏山河》《勇气大爆发》《起风了》《阳光开朗大男孩》《童话镇》《半生雪》《圣诞节快乐,劳伦斯先生》《sweet dreams》《莫扎特钢琴曲 K448》《少年》《兰亭序》《耍把戏》《康康舞曲》《绿旋风》《人间烟火》《让风告诉你》《曹操》《顺其自然》《辞九门回忆》《小英雄大肚腩》《热爱105度的你》《雪龙吟》《爸爸的散文诗》《直上青云》《海阔天空》《see you again》《奢香夫人》

第二学期

《古诗中国》《字正腔圆》《化学元素周期表》《萱草花》《凄美地》《我的天空》《爷爷泡的茶》《vaid》《我的纸飞机》《生僻字》《再次与你同行》《彩色翅膀》《小美满》《离别开出花》《一路生花》《亲爱的旅人》《青春修炼手册》《歌唱祖国》《无名的人》《Mom》《玫瑰少年》《出山》《如果你要写年》《浮光》《五哈主题曲》《平凡之路》《做自己的光,不要太亮》《光辉岁月》《巡光》《赤伶》《飘向北方》

在课堂上让学生们听歌,源于盘锦市魏书生老师提出的"七个一分钟"其中的一项"课前一支歌",魏书生老师一直是我最敬佩的老师之一。

他担任盘锦市教育局局长就职演说时倡议,盘锦市中小学课堂上,每节课开始前,大家齐唱一首歌,用歌声提振精气神。魏书生老师具体是怎么指导的,我并不清楚。但让学生唱歌这个方法我觉得非常好,按魏老师的说法,沉浸在歌里真舒服,没有歌声的学校太沉闷了。我琢磨着能不能在小学美术课上也给学生们听歌或唱歌?齐唱一首歌,对小学生来说有点困难,毕竟学生们会唱的歌曲还很有限;而且老师指定的歌曲,不一定是学生们喜欢的吧?

这么一想,我就改为每一节美术课让学生们听一首歌,听他们喜欢的歌。

歌曲来源——由学生们推荐

我在开学初的美术课上告诉学生,老师会在每节美术课前播放一首歌曲,内容由同学们自己推荐。为了不耽误课堂时间,可以把歌名写在纸条上,同时写上自己的班级和姓名。随时随地都可以把纸条递给我,课间、课堂上、校园里见到我都可以。

从我宣布这个计划开始,这样的小纸条就出现在我见到他们的每一天:进教室时、讲课开始前、课堂巡视中、下课铃响后、走廊上……他们果然做到了随时随地。

歌曲种类——健康、积极向上即可

考虑到现在的孩子们接触网络范围之广,我提早规定了一些不能入选的歌曲:爱情歌曲、伤感歌曲等。同时,我告诉他们:"不是这些歌曲本身不好,只是不适合教室这样的公共场合和小学生群体。老师欢迎大家推荐积极向上、欢快有趣的歌曲。"这点与魏书生老师说的正能量歌曲也略有不同。中学生同唱一首歌,一定是同学们耳熟能详且提升精气神的。而小学生更活泼天真,做事更依靠直觉和喜好,所以,歌曲应该更多元,总的方向是积极向上就可以了。

上网找歌——不知不觉地加班

找歌曲也是筛选的过程。每当上完一天的课回到办公室,处理完日常工作后,我就开始着手找歌。我首先将当天学生推荐的歌曲名和班级姓名等信息输入电脑一个专用WORD文档里。学生推荐的绝大多数歌曲是我没听过的。我在哔哩哔哩网站挨个输入歌名,先看歌词,再看画面,确定是否适合小学生。不适合的在文档后面备注上落选的原因,比如歌词不适合、音乐太嘈杂、找不到等。不适合的大部分原因是歌词涉及情感,虽然好听,只能放弃。比如九班一个女孩子推荐的《亲爱的,这不是爱情》未被选中,那位内敛的学生课后找到我说:"老师,这不是爱情歌曲。"我告诉她,这首歌的旋律确实动人,但考虑到班级整体氛围,暂时不适合播放。后来,为了提高筛选效率,我改成先在百度搜索歌词内容,确定合适后再找视频。果然方便了许多。

找到学生推荐,我又审核过关的歌曲后,就是下载的问题了。

试了各种方法无法下载后,我默默地打开超级录屏,边播放歌曲边录屏,就这样,几十首歌曲录制保存到我的电脑里。这个过程往往耗时较多,所以,常常下班后,我仍在电脑前继续为孩子们的这一份精神食粮忙碌。

编辑歌曲——让学生看见自己

感恩学校为每个教室安装了希沃白板,用起来很方便。我只需把找好的歌曲按学生推荐的顺序上传到希沃课件里即可。魏书生老师提倡的课前一首歌是对所有科目而言的"每课一歌"。而我教美术,不如将美术课的课前一首歌命名为"美课一歌"。我将录好的歌曲上传进"美课一歌"后,在 PPT 上方再标注上推荐学生的班级、姓名,让孩子们的热爱和付出被大家看见。

我每次去班级上课,只需扫一扫希沃白板的二维码即可登录播放。一次,有个男生在递给我小纸条时,特意叮嘱不要写他的名字,我问为什么,他腼腆地说:"不想让人知道。"这当然没问题,这首歌的推荐人就标注为"佚名"。学生可以有展现自我的需要,也可以有保留隐私的自由。

播放歌曲——学生们的乐享时光

开学初,每个班都选了电脑小助手,负责开关电脑并打开希沃白板。个子高的学生优先,因为关课件时,需要触按白板最高处的图标才能退出登录。每当课前两分钟预备铃响起,小助手们便提早打开希沃白板,调出登录二维码。我一进教室即可扫码播放歌曲,节省时间又为学生提供锻炼机会。对于这些尽责尽职的小助手,我总会报以赞许的目光和语言。

听歌的这一刻,学生们是沉醉的,我也很享受。动人的旋律、精美的画面、隽永的歌词、丰富的内容,为学生们展开一个新鲜活泼的情感交流空间。歌声没有老师的说教,但歌声又像老师,引领学生领略人世间、大自然,以及人类心灵深处的种种波澜壮阔。看着学生们专注的神情,偶尔还有人拿笔悄悄记下心仪的歌名。我知道,这些来自同龄人推荐的歌会拨动孩子内心的某根琴弦,在未来某个时刻汇入内心的情感表达。而创作灵感不正是在这样的心流体验中不期而遇的吗?

听歌趣事：激情八班

五年级没有哪个班像八班这样对听歌如此钟情的。因此，引发了很多趣事。

"你点的什么歌？"

其实，在选歌问题上，我是有一点私心的，总想推荐一些自己觉得好的歌曲给学生听，但无奈学生推荐的好歌太多，总也听不完，根本轮不到我来推荐。终于有一次，八班一名男生推荐的《过年》，我翻遍网络也没找到。而我，早就想推荐春晚舞台上毛不易演唱的《如果你要写年》，于是我就用这首歌移花接木冒名顶替了。为了达到更好的播放效果，我特地选了毛不易的清唱版，画面简洁，音色干净，配上"你要是写年，不能只写年，要写一场瑞雪落满透明的老街……"空灵如画的歌词和音色，很有过年时冬夜漫漫、深情唯美的节日氛围。

这首歌在八班播放时，我观察到学生们并没有我预想的那样被歌曲感动，不仅没产生意犹未尽的效果，甚至在歌曲的最后一个音符刚刚结束，坐在讲台边上的小刘同学愤然而起，转身朝着屏幕上标注的推荐人大声吼道："黄某某，你点的什么歌？"

那个被当头棒喝的男孩正在纠结：屏幕上明明写着自己的名字，唱的却不是自己点的歌曲，搞不懂是哪儿出了岔子？他情急之下语无伦次不知说什么好。我哭笑不得地叫停这场误会，赶紧坦言是自己因为找不到《过年》，才临时换成这首歌。我讲了找这首歌的过程以及推荐的缘由，让学生们理解我的一番初衷：歌词所表达的深层含义是世上事物并非孤立存在，而是相互关联的。正如你要写年，不能只写年，要写赶路的游子和故乡的炊烟。

我原本期待这首歌的悠远意境与学生的蓬勃生机产生片刻的共鸣。然而，现实却让我陷入反思，也许是我选的画面虽然唯美但缺乏活力，未能真正打动他们。这件小事让我深刻意识到：不能将自己的喜好强加给学生，要理解学生的世界，必须俯下身向他们学习。

《凄美地》的入选

别看五年级的孩子年纪小，他们听过的歌真是五花八门，我需要反复筛选，谨防出现"儿童不宜"的字眼和画面。八班男生小俊不仅画画用心、上课专心,还推荐一首歌曲《凄美地》。我照例上网搜索试听,以我这年龄与性格,实在听不出好听在哪里再看歌词,还有一两句提及爱情,整体基调也比较悲观,不太合适小学生。于是我将这首歌列为不合适推荐曲目。

然而,每次上八班美术课,小俊总是问我:"这首歌什么时候播放?"我回答歌词不太合适,他有些狐疑又有些遗憾。不久,他又锲而不舍地推荐了一次。我只是再次登记下来,但并没打算播放这首歌。

再后来,又有其他学生推荐《凄美地》,我同样做如上处理。

直到有一天,我偶尔刷朋友圈,看到正在学习作曲的绘画大咖曾老师分享了《凄美地》,原来她的作曲导师正向学员们推荐这首歌。这条动态让我如梦初醒,这首歌竟然如此优秀?差点因自己的偏见而错失佳作。我立刻重新查找这首歌,终于找到适合学生的迪士尼版本。当歌中最后两句表白爱情的歌词,以可爱的米老鼠和唐老鸭来演绎,幽默而温馨。

在八班播放这首歌时,小俊同学不敢相信又难以抑制的开心,让我心生愧疚,也暗自庆幸有机会及时纠正了误判,没有辜负学生的一份热情。

后来,我才知道《凄美地》由歌手郭顶创作并演唱,曾获得2017年台湾最佳作曲人奖、最佳作词人奖提名。

"曲调有摇滚感,不像一般情歌舒缓的、寂寥的那种低诉,在曲风上脱颖而出。歌词特别隐喻、真挚、不空乏。"

这是网络上对这首歌的评价。此刻边打字边听歌,我再次感受到歌词与曲调里传出的真挚与独特。

"我没看过

平坦山丘

怎么触摸

开花沼泽"

不管是从哪个角度去发现这首歌的魅力,从小俊和我对这首歌的不同态度,我知道,这个孩子对美的感知力,已经远在我之上。

小助手罢工风波

每个班的电脑小助手都勤恳尽职,八班小助手则更加积极主动。

八班小助手是小田,因为个子高,方便操作屏幕按键,还因为她对美术作业不感兴趣,且不善与人交流,交给她这一任务或许能增加她与美术课以及其他人的联结。

对美术作业不感兴趣的她,却对听歌和播放歌曲极其热心。

她不像其他班小助手,提前把二维码显示在屏幕上,就离开电脑旁去做其他事。每次她都等在黑板旁,在我进教室时,便打开输密码输入界面,再朝我看看。后来,我才发现,她是想看我输密码。

我输密码当然不用回避她,于是,她很快记住了课件密码。

等我下一次来到八班,打开的就是二维码的进阶版——直接是当天所听那首歌的页面了。小田成了唯一知道我播放密码的小助手。

我微笑着默许了她的做法。就这样很长一段时间后,有一天我走进八班,奇怪地发现电脑没打开。问了同学才知道,小田罢工了。

她竟然不肯做电脑小助手了?问她为什么,她不回答。由于她平时与同学交流不多,其他同学也不知道为什么。

因为是上课时间,我不便多问,只能临时请另一位高个子女生小茹担任小助手。课后,我在校园走道上碰见小田,再次问她原因,她情绪激动地大声叽咕了一句,我还没听清,她又闭嘴不说了,倔强地扭头就走。旁边的同学告诉我,大概意思是班级有同学总围在黑板旁看她开电脑,七嘴八舌讨论让她觉得受到了干扰。后来我在八班上课时,特意讲了小助手为大家的付出,请大家支持她们的工作,希望能安抚小田的情绪。小茹上任不到两周,小田的脾气消了,重新主动担负起小助手的责任。谁能赶得上她那样的满腔热情呢,小茹自然不会与她计较。

这场小助手罢工风波,又以小助手悄悄复工自然平息了。

八班的孩子,热爱音乐,也被音乐热爱。他们听到熟悉的歌,会不约而同地跟着音乐大声合唱,每每看着他们的忘情投入,我总忍不住嘴角上扬,为孩子们的快乐而感动。此时,小俊却无奈地摇摇头,对我说觉得"太吵了,有什么好唱的?安静地听最好"。果然是个与众不同的孩子。热爱就这样以不同方式在八班共存着。

这一年,我们听的63首歌曲,仅是孩子们推荐的数百首中的一小部分。孩子们源源不断地向我输送他们心仪的歌曲:有高雅的古典音乐、酷炫的欧美歌曲,有风靡一时的国风新作、传唱不衰的经典老歌,也有当下流行的网络神曲。从中能看到孩子们的兴趣所在、情感所需。听歌,是彼此情感的碰撞与交流,是情绪的短暂纾解与释放。我则尽量为歌曲选用更宏大的视角与画面:《离别开出花》中清朝首批小留学生远赴大洋彼岸的壮志豪情;《歌唱祖国》串联起从古至今中华民族历代伟人画像与新中国科学家的深情寄语;《我的天空》中全国高校毕业生对理想的追问和奔赴理想的热血。听完《我的天空》

后,很多孩子情不自禁地说:"太好看了。"

　　我希望,这些由孩子们推荐的歌,能为他们的童年提供一处情感栖息地,搭建一处梦想起飞的平台。

第五章

书写：过一种完整的教育生活

> 读书·思考·输入——读书篇

教育是什么？

——《让教育回归人性》读书心得

综观全书，周国平先生从哲人的高度诠释教育，立意深刻、思辨抽象、视野开阔，对于作为小学教师的我来说，却有几分仰视与隔阂。看着每句话，每篇文章都是对的，也很佩服作者的气定神闲与高瞻远瞩，但当想到每周十几节课、每节课四十分钟，每分钟需要挖空心思运用多种教学方法、达成既定教学目标、完成教学任务；要照顾几十名学生的个性、情绪、认知水平，要处理好师生关系、突发事件等繁杂琐事；教学思路山穷水尽时，读几条苏霍姆林斯基给教师的建议，似乎更能直接获得重新振作的力量与勇气。

如何从周国平先生的哲思文章中汲取营养，观照日复一日的教育工作，它能带给小学教师哪些启示呢？我从自己感兴趣的篇章读起，渐入佳境。

周国平先生关注生命：《生命本来没有名字》援引一位未署名读者的来信，分享来自内心深处被理解的感动，诠释一棵树摇动另一棵树、一朵云推动另一朵云、一个灵魂唤醒另一个灵魂的教育真谛。

周国平先生关注快乐：在《把赌注下在素质教育这一边》一文中，写道："人都要追求快乐的，现在许多孩子之所以沉溺于玩电脑游戏、网聊，就是因为在学习中得不到快乐，只能用低级快乐来替代。"他提醒我们，孩子有学习的义务，更有快乐的权利。让学习变得快乐，让每个孩子都能尽其天赋生长得最好，是素质教育的目标更是方法。

周国平先生关注尊重：《尊重生命是最基本的觉悟》中，他说："从社会现象谈起，思考在传统文化中，始终没有确立生命尊严的普遍意识，对生命的冷漠由来已久，因此一旦面对经济利益的诱惑，生命在金钱面前等于零。"提出从孩子开始，就要培育生命尊严的意识，"使他们懂得善待自己的生命，由此推己及人，善待一切生命"。对生命心存敬畏，教师如何帮助学生树立生命尊严意识，是教育永恒的课题。

周国平先生关注心智：《孩子的心智》开篇一句华兹华斯的名言："孩子是大人的父亲。"这句话与日本电影《若父若子》的标题不谋而合，周国平先生这样论证："孩子长于天赋、好奇心、直觉；大人长于阅历、知识、理性。因为天赋是阅历的父亲，好奇心是知识的父亲，直觉是理性的父亲，所以孩子是大人的父亲。"接着，他继续深入剖析："对于每一个人来说，他的童年状况也是他的成年状况的父亲。"印证了流行的那句"幸运的人一生都被童年治愈"。

这本书几乎囊括了生活的方方面面，是周国平先生多年来教育思想的汇集，短小而隽永，历久而弥新。

王阳明曾说过，"如木之栽培灌溉，是下学也；至于日夜之所息，条达畅茂，乃是上达。……学者只从下学里用功，自然上达去，不必别寻个上达的工夫。"

周国平先生在书中阐述教育的目的："自由的头脑、丰富的心灵、善良高贵的灵魂。"就像王阳明所说的上达的境界，要想达到这种理想教育愿景，想必就在于教师每天的辛勤耕耘，日复一日下学自然上达，水到自然渠成。

教育，就是陪伴学生，向着梦想坚定前行。

改变课堂，学校就会改变

——《静悄悄的革命》读后感

一本如雷贯耳的书，内容通俗易懂。

对于教改已经进行二十多年的中国教育来说，这本书情绪温润、语气和缓。虽无振聋发聩的效果，但读了，对教学的意义会多几分认同与思考。

书中有不少能启发与提醒自己的金句：

"小林教师决心从一年做一次法国大菜的教师，变成每日三餐过问柴米油盐并能做出美味佳肴的教师；他决心把那种期待学生会发生戏剧性变化的教学转变为不间断的可持续培养学生的教学。"

"面对学生'学校不快乐'的呼声，教师似乎感到无能为力。因为学生的快乐的含义与教师所追求的快乐的含义是不同的，必须从这样的现实出发。"

"看来是因为在欧美小学里，学生是从小声的不甚清楚的发言开始起步的，进入初中、高中后，越往上走越能活泼地、明确地发表意见或表现自己，渐渐成长起来。"

"课桌间巡视，是我们教学的常用语，但这一用语总觉得带有傲慢的色彩，而教室并非监工管理劳动者的工厂。"

作者建议教师集中精力用量体裁衣的方式帮助学生。

本书从日本教学现状出发，提出创造性学习的目标，阐述如何改变不合格的教学现状，如何进行"学的课程"设计，以及若干中小学实施改革的具体实例。对目前的国内教育教学有一定的借鉴与参考作用。

纵观全书，作者对教育的核心——学生给予充分的关注，批评课堂表面的热闹，关心个体真实的成长，有种理想化的情结。并介绍了一位女老师关于蒲公英课题的开展，认为那样的教学是与学生息息相通、是创造性的。

在国内教学改革持续推进二十余年的今天，从学生观、课堂形式、教育理念，到教材考核标准等已经历了多次系统性调整，形成了较为成熟的评价标准体系。在平时的教学实践中，教师也在积极探索更先进、更契合学生需求的教学模式。

《静悄悄的革命》一书，可以帮助教师深化对现代学生观的理解与认同。但鉴于中国独特的教育传统以及宏观教育环境，我们需要有选择地借鉴书中理念，更好地服务于本土的课堂教学创新。

"出世"与"入世"

——《佛教常识答问》读后感

读师范时,《美术鉴赏》课本中最多的古代建筑是寺庙;到各地名山大川游玩,也随时可见庙宇楼阁。对于在中国流传甚久的佛教,不论是从文化上、专业上,还是从个人修养上,似乎都有必要深入地了解一番。

所谓深入,也只能是找本书看看,在业余时间很有限地接触。

在参加慈济的慈善活动时,时常听到慈济志工们说晨起熏法香。始终不解,时间长了,知道是出家人或在家修行的人,早起听法华经、无量义经等佛教经典。又常听志工们的祝福语:"祝家人们法喜充满。"

又是一个不解,为何是"法喜充满"?"法喜"是什么意思?

发现自己对佛教一无所知,同时,也相信佛教是充满智慧的。看那些禅诗就知道了。如:

戏呈吴冯

(唐)皎然

世人不知心是道,

只言道在他方妙,

还如瞽者望长安,

长安在西向东笑。

插秧诗

(五代)布袋和尚(原名契此)

手把青秧插满田,

低头便见水中天,

六根清净方为道,

退步原来是向前。

菩提偈

菩提本无树,

明镜亦非台,

本来无一物,

何处惹尘埃。

……

带着疑问和好奇,翻开了朋友推荐的《佛教常识答问》。

《佛教常识答问》是佛教大护法赵朴初先生"小题大做"的佛学经典专著。

赵朴初是著名的诗人和书法家,一生著有大量的诗、词、曲作品,但同时他也是佛教大护法、享誉海内外的佛学大师。作者最初写这本书只是为人们了解佛教知识提供方便,并非想写一本佛学专著。但就是这样一本小书,却证明了作者是一位佛学大家。

正如赵朴初本人所说,这是本"小题大做"而成的书。在书中,作者将佛教的深刻学说尽量用通俗易懂的语言文字加以阐释,深入浅出,是初通佛学和佛教文化者的超级入门书。

全书以问答的方法,简明扼要道出佛教的很多常识。

如开篇第一个问题,什么是佛教?简单地说,就是佛的言教。

还有如下类似问题:

佛是神吗?念佛的人必须吃素吗?怎么称呼出家人?怎样修行?如何持戒?

原来,释迦牟尼最初的佛教不吃荤,并不是指只吃素食,而是要求不吃辛辣的食物,如大蒜、葱等,后来人们误解成只吃素食,不能吃肉,渐渐约定成俗。

书中还介绍了佛教在印度的发展、衰灭和复兴以及佛教在中国的传播、发展和演变。

"存在了将近两千年的中国佛教,是内容丰富、绚丽多彩的文化遗产。作为灿烂的民族古典文化的绚丽花朵,悠久的东方精神文明的巍峨丰碑,中国佛教必将随祖国建设事业的发展而发展,并在这一伟大事业中,为庄严国土,为利乐有情,为世界人类的和平、进步和幸福作出应有的贡献。"

书中讲到发扬人间佛教的优越性。是啊,社会如果人人向善,岂能不祥和?在这一点上,与我国目前倡导的社会主义核心价值观颇有相通之处。无论儒释道、基督、伊斯兰教,都有其启迪人心、抵达真理的一面。世事通达、精神超脱需要长期的自我修炼,庄严国土、社会进步依靠每一位公民的合力用心。正如六祖慧能《无相偈》中所说:

> 心平何劳持戒,行直何用修禅。
> 恩则孝敬父母,义则上下相怜。
> 让则尊卑和睦,忍则众恶无喧。
> 若能钻木取火,淤泥定生红莲。
> 苦口的是良药,逆耳必是忠言。
> 改过必生智慧,护短心内非贤。
> 日用常行饶益,成道非由施钱。
> 菩提只向心觅,何劳向外求玄。
> 听说依此修行,西方只在目前。

最后,以证严上人创立慈济的终极目标作为结语:"愿人人扩大爱和善,实践人心净化、社会祥和,天下无灾无难。"

种子·农民·生长

——《如何培养孩子的自主学习力》内容札记

作者赵周在前言里提到不要让孩子做小镇做题家，而是要把孩子当作种子，父母要做的是施肥浇水。整本书读下来，就像读学习力训练操作手册，新颖实用，操作性很强。作者更像是一位技术高超的田野耕夫，倾情讲述关于种子、照看种子的农民以及二者如何共同成长的故事，金句太多，所以这篇笔记更像摘录。

作者将学习力要素分成了四类，比喻成四个包子，学习成绩则是第五个包子，要先把前四个包子吃下去，最终学习成绩这个包子才能达到饱腹的效果。

四个学习力要素（包子）分别是学习兴趣、思维能力、成长习惯、科目积累，每个要素又分解成三个子要素：

学习兴趣——目标、反馈、难度；

思维能力——记忆力、理解力、应试力；

科目积累——陪作业、教听课、语数外；

成长习惯——坚毅进取、终身阅读、学习共同体。

正文根据四个部分十二个要素依次展开。

第一部分 学习兴趣

第一章 学习目标

作者介绍了源自管理学的 SMART 原则，强调目标要符合以下五点：第一，明确具体，不能含混；第二，可衡量，也就是定量；第三，可实现；第四，相关性；第五，时限性。

作者通过具体案例指明制定目标时，要让孩子能够有三种感觉：自主性、胜任感、价值感；我选择、我能行、我有用。通过和孩子沟通目标，避开恐慌区和舒适区，真正来到学习区。

第二章 反馈

难点在于权衡怎样的反馈不会导致动机转移？有三个思路：第一，问自己必须设奖励吗？其实有些事情完成本身就是奖励；第二，让目标完成后奖励和目标本身是同类；第三，围绕关系而不是用食物来奖励。

第三章　难度

没有挑战就没有乐趣。作者认为心流就是尽力做一件事，比如说玩游戏就是，但是看电视不是。在难度的调控上，做到细观察，常询问。

第四章　教练自我修炼——倾听技能

教了三招：第一招意译，每一次听孩子表达想法和观点，都努力找出孩子表述中你同意的部分，先说出来；第二招认可；第三招自我表露。

第二部分　思维能力

第五章　记忆力

建议少记多忆，检索练习。教练技能：一，来料加工；二，间隔穿插（时间、科目）；三，躬身入局。介绍了联想记忆法和路线记忆法。

第六章　理解力

理解就是联系，所以理解力就是把新知识与已有知识联系起来的能力。点点互联、提问牵线，追问新旧知识有何本质区别，会有什么本质相通。家长要掌握三种提问技能：1.前因后果；2.相似问差；3.相异问同。

第七章　应试力

要掌握三个教练技能：第一，消除孩子对挫败的恐惧；第二，教会孩子从错误中学习；第三，给孩子讲一堂应试入门课，用大脑神经元图告诉孩子，考试能够加强大脑中各个部分的连接，激活和强化更多神经元通道，让它变得更强大。

通过考试，讨论之后采取什么行动改变，要避免制定无法用SAMART衡量的目标，孩子从做题家到真学霸的两个特征：1.好为人师；2.考后复盘。

第八章　教练自我修炼——提问技能

一、用提问回应提问；二、穿插综合；三、发散性提问和颠覆性提问。

第三部分　科目积累

第九章　陪作业

每次作业都在训练专注力：第一，建立规律时间表；第二，尽量帮助孩子建立积极情绪；第三，减少干扰，清除书桌上的无关物品，避免做作业过程中受到干扰；第四，要有间隔休息；第五，养成一次只做一件事的习惯；第六，对很多孩子来说，安静的陪伴有助于专注。

学习兴趣三要素在作业中的应用：

目标：对专注做作业合适的目标是什么？对缩短作业时长合适的目标怎么定？制定目标注意自主、胜任、价值感。

反馈：如果孩子走神了，妥当的反馈是什么？如果作业提前完成，合适的反馈是什么？

难度：拆成一句一句，一词一词。

本章工具介绍了番茄作业法，五个字口诀"设、分、种、收、卖"缺一不可。

第十章　教听课

讲了便签预习法，听课的原则：一、带着问题听课；第二，老师每次提问无论有没有叫到自己，都当作问自己；三、带着任务听课。在预习便签上打钩。写思路步骤。可以提供大小、颜色、有无横线等便签本让孩子选自己喜欢的来实践。

第十一章　语数外

语文方面，家长重点管作文和阅读。并且为不同年龄段的孩子提供了一些书目。

数学方面，家长重点管查漏补缺，分析逻辑、体系、框架。作者将学数学比喻成搭乐高：所有孩子拿到同一张图纸，但孩子的发育有早晚、能力有侧重，学习进度应有不同，但学校统一的进度却迫使每个孩子用一个速度搭建，这样一来，很多孩子就不可避免地在某个步骤搭松了，将某块砖放错了。也给出了几个书目。

英语方面，家长重点管阅读和对话，从三四岁开始，提供了一些动画、绘本、儿歌等读物，要不带字幕，不要中文配音。

最好的主动学习是教别人，让孩子当小老师，利用小黑板教家长语数外知识。

第十二章　教练的自我修炼——信息能力

教家长如何搜索信息：第一，锁定问题，主动搜索；第二，分析信息，前因后果，第三，整理信息，适用边界。

第四部分　成长习惯

第十三章　坚毅进取

永不放弃、挑战自己、刻意练习。

用生活中小事举例培养孩子主动积极的成长型思维，警惕固定性思维。

第十四章　终身阅读

分初阶和高阶。

初阶三要二不要：一要知道阶段；二要家里书多；三要给孩子念书。

高阶三要：一要等孩子的热爱之书；二要帮孩子顺势拓展；三要学一点专业阅读指导。

用布鲁姆教育目标升级阅读技能：复述（记忆）、借鉴（应用）、手法（分析）、评价（评估）、写作（创造）。

第十五章　学习共同体

让孩子知道你也要成长，让孩子知道你在努力成长，让孩子帮助你成长。

关键词：共同成长、相互陪伴、相互赋能、社群支持。

第十六章　教练自我修炼：反求诸己

反求诸己之目标：把终身学习本身当作目标。对孩子的学习要设定更高远的目标，顺便考个高分。

反求诸己之反馈：爱，不是感受和想法，只有行动才会有反馈，所以爱是行动，凡事包容、相信、盼望、忍耐。

反求诸己之难度：第一重难度，难在大环境使然；第二重难度，难在教育原本是一个专业；第三重难度，难在成年人的改变比孩子更难。

最终极目标是我们清楚：孩子要通过学习成为什么样的人；

最美好的反馈是始于爱，伴着爱，归于爱；

后记引用文中张老师的话："只有改变思维，才能改变生活，才能改变行动，最终才能改变结果。"

整本书的框架大致如上，它既是孩子学习力培养手册，也是每一位家长与教师的修炼手册。孩子和种子很像，只要有合适的生长空间和条件顽强的生命力就会驱动他们向更高更远处自主生长，最终长成他们希望的样子——幸福的样子。

红尘安身处

——《幸福的方法》读后记

最初拿到《幸福的方法》这本书时，大概翻了一下，记住一条建议还实践了一下："每个月看两场电影。"真的一个人跑到电影院看了两次电影《长津湖》和《无尽攀登》（失去双脚的登山运动员夏伯瀚登顶珠穆朗玛峰的故事）。在这两年疫情反复不定中，能偷闲看场电影，感受难得的轻松愉快，着实是一份难得的小确幸。

这几天又从头到尾将书看了一遍，梳理了下书的脉络，全书分为三篇：第一篇，什么是幸福；第二篇，幸福无处不在；第三篇，幸福像花一样。整理如下：

第一篇　什么是幸福

一、关于幸福的疑问

在第一章中，作者首先提出关于幸福的疑惑，从自己切身体验追问幸福是什么，到认知幸福不是终点，认真体会和挖掘幸福宝藏是一个需要长期追求、永不间断的过程。

作者随即给出一个练习：在认清幸福的价值后，首先要养成幸福的习惯，"比如一周运动三次，每天早上冥想十五分钟，每个月看两场电影，与伴侣每个周二出去约会，隔天读一些有趣的读物，等等。"一旦确定，就开始行动。

另一个练习是"表达感恩：每天记下五件值得感恩的事"，他提到罗伯特·埃蒙斯和迈克尔·麦卡洛：研究表明，每日把那些值得感恩的事记录下来，确实在身体上更健康，内心更幸福。所以，作者建议："每晚入睡前，写下5件让你因感恩而快乐的事情，从一顿美食到与一个好友畅谈，从日常工作任务到一个有意思的想法，都可以写下来，当感恩成为一种习惯，我们会更珍惜生活中的美好时刻，而不会把它们当成是理所当然。"

二、解读人生的四种汉堡模式

第二章中，作者富有创意地将人生解读为四种汉堡模式：享乐主义型（好味道无营养）、忙碌奔波型（好营养无味道）、虚无主义型（无营养无味道）、感悟幸福型（好营养好味道）。非常形象直观。

我理解它们分别对应的是：只顾眼前的及时行乐、只想未来的埋头打拼、放弃追求的消极无聊、目标清晰的知足精进。

第二章的练习也是两个：一是写出四个象限的特别日志，分别看看忙碌奔波、享乐主义、虚无主义、感悟幸福的经历给自己怎样的影响,以及相应的指导。

第二个练习是冥想幸福,冥想在现代社会中越来越凸显其重要性。

三、幸福的意义

作者将四种不同类型的人生模式进行比较后,在第三章给出了幸福是什么的答案:"快乐和意义的结合。快乐代表现在的美好时光,属于当下的利益;意义则来自目标,一种未来的利益。"作者还阐述了"目标必须是自发的,是为了实现自我存在的意义,而不是为了满足社会标准,或是迎合他人的期望而设定的。"

增强幸福感不是简单地对每日生活做出反应,而是给自己足够的空间去创造真正的幸福。

作者给出的练习是填写让你觉得快乐而有意义事情的表格,它就像生活的一面镜子,可以帮助我们在日常生活中体现自己的最大价值,因为更高的自我一致性可以带来更多的幸福感。确实真知灼见,可是知易行难啊。

四、幸福才是人生的终极财富

作者在第四章中举例说明了"成功和金钱带来的快乐很短暂,在做决定和判断过程中,人们通常习惯先考虑物质,主要原因是物质容易计算,但房子的价值可以用钱衡量出来,而我们对家庭的爱却不行。物质可以带来一些快乐的体验,但物质本身并不能带来意义或是精神上的财富。"阐述幸福感对人的重要性。

"就在我们不断累积物质财富的时候,我们的终极财富却面临破产的危机。就像公司会破产一样,心灵也有可能破产。"

本章的练习是"自信理论之父"纳撒尼尔·布兰登的"完形练习",打造自己的幸福地图。

五、设定幸福目标

目标对人的重要性不言而喻,在本章的练习里,作者就如何增强幸福感,提出要设定自我和谐的目标,并在每个条目下注明长期目标、短期目标和行动计划。还建议成立自己的"幸福董事会",纳入对自己有重要影响的人,对自己的计划进行监督,以便得到建议和帮助而使计划增加成功的机会。

如果说前面的几章重在理念的厘清,本章则开始给出有针对性的指导建议,从知到行逐渐强化深入。

第二篇 幸福无处不在

六、幸福学习法

现代社会每个人都是终身学习者,作者从学习的角度,用契克森·米哈伊心流体验阐述如何使学习这件事变得幸福。

学习时如果压力太大会带来焦虑,无压力则觉得无聊。只有当难度和技能匹配时,心流体验才有可能出现。

作者还指出我们对于他人的困难(尤其是对孩子)通常的反应是去帮助他们。事实上,应该放手让他们自己去迎接挑战。必须抑制想要替代孩子解决困难的自然反应,让孩子们自己学会应对各种困境,茁壮成长,由他们自己踩稳生活重心。这些观念对教育工作者具有现实启发意义。

作者根据唐纳德·赫布的研究,建议我们改变对工作的态度,将工作(对孩子来说就是学习)视为一种特权,而不是责任,这样我们不但会感到更幸福,同时也会有更好的表现。

本章的练习是制定学习计划,计划包括两个方面:个人成长和专业成长。在每类学习中,用心寻找快乐(比如阅读和思考)和意义(如书中的知识会促进你全面成长),然后把计划规律化、习惯化。

七、幸福工作法

通过思考 MPS(意义、快乐、优势),培养使命感,作者写道:幸福并不取决于我们得到了什么或身处何种境地,而取决于我们选择用什么样的视角去看待生活。幸福是内外因素结合的产物——我们所追求的目标以及我们所专注的工作本身。

记得看过一篇故事:三个工人蹲在地上砌墙盖房子。有人路过,问他们在做什么,第一个人非常生气地回答:"难道你没有看到吗?我在砌砖。"第二个勉强地回答说:"我在砌一堵墙。"第三个非常热心,微笑着说:"我们正在建造一座大教堂。"

显然,第三个工人的使命感提升了他对自己工作的乐趣,所以会工作得更愉快更有效。

八、经营幸福的亲密关系

作者认为与朋友、家人和爱人共享美好时光是幸福的必需品。认为亲密关系中无条件的爱来自欣赏对方核心价值。

作者介绍《婚姻的热情》一书的观点:培养真实亲密关系的方法,必须将注意力放在"想被理解"而非"想被认可"上。进行深刻的自我探索是保持爱情和热情的必要条件。

人们必须打开心灵,与伴侣分享自己最深刻的需求和恐惧。尝试去真正地理解对方的价值、热情、想法以及期望。

作者还提出了一个有意思的观点:"一个美满姻缘的第一要素以及最有挑战性的事,并不是找到那个所谓'合适的人'(我并不相信世界上只有一个真正适合你的人),而是一段你用心经营的亲密关系。"

正如作者所言,爱情电影落幕的时候,真正的生活才正式开始。

第三篇　幸福像花一样

九、幸福的土壤：仁爱之心

作者在分别分析了学习工作、人际关系中如何培养幸福感后，又将幸福比喻成花，试图以整体的形象思维再度阐明幸福的本质。

本章把仁爱之心比喻为幸福的土壤。同时认为自助和助人是分不开的：帮助别人越多，自己就越开心；自己越开心，就越容易去帮助别人。

作者不认同一些人在牺牲自我中找寻生命的道德意义。

读到这里，我不禁想到具有奉献精神的特蕾莎修女。在世人看来，她牺牲了自己的一切物质享受，当她去世时，她全部的个人财产，就是一张耶稣受难像，一双凉鞋和三件旧衣服。但她带着爱的光芒在这片有限的大地行走，却把无限的爱带给了他们——那些穷人中的穷人、病人、被遗弃的人、没人关怀的人、垂死的人以及内心饥饿的人。在这位"慈悲天使""贫民窟的守护者"看来，所有当地穷人不具有的物质条件自己也不应该拥有，她丝毫不觉得这是一种牺牲，她怀着非凡的爱，做着最微小的事情。

何谓牺牲？何为奉献？我想，牺牲自我是对精神与物质的双重放弃；奉献则是怀揣信仰的精神跋涉。纵然赤贫如洗、物质匮乏如特蕾莎，内心却因悲天悯人而博大丰盛。

如果说普通人做一点助人的事会感受到幸福，那特蕾莎修女这样奉献型人格的人应该是最能体验幸福的人了。

所以，幸福是无法用金钱和物质来衡量的。仁爱之心才是幸福的土壤。

十、幸福的肥料：幸福催化剂

作者将生活中虽小但有连锁反应的事情叫作"幸福催化剂"——一些几个钟头甚至几分钟的事，便可以为我们带来意义和快乐，不但当下收益，也会影响未来。

作者再次提到了培养好的习惯，在休息的时候，去完成一些令人愉悦的任务，而不是无所事事，做一个暂时的享乐主义者。

十一、幸福的根：幸福的深度

作者介绍了马克斯韦尔·马尔茨在他的经典作品《心理控制术》中提到的类似温度表的内在装置，其功能是测量以及控制我们的幸福指数。对大多数人来说，这种仪器的设定一生都不会有多大改变。好运时的高兴，不如意时的悲伤，这些情绪都不会停留太久，无论好坏，幸福的深度都不会改变，而且我们很快会回到之前的安定状态。

作者不认同这种观点，认为这个实验忽略了与众不同的少数人群，并非所有人在经历特殊事件后都能恢复到原有的幸福指数水平。

一些人在一生中越来越幸福,消除了那种认为幸福感难以改变的误解。作者写道:本书没有完整的答案,但肯定回答出来了一部分——将注意力从追求物质和名利转向追求终极财富的人,绝对可以提升他们幸福的深度。

作者通过回顾与幸福有关的文献,发现人类的幸福感主要取决于三个因素:遗传基因、与幸福有关的环境因素,以及能够帮助我们获得幸福的行动。

十二、幸福的阳光:内在的力量

作者引用了玛丽安娜·威廉森的《爱的回归》中的话:"当我们让自己光芒闪耀时,我们会不自觉地感召他人也加入这个行列。当我们摆脱自己的恐惧时,我们充满朝气的变化自然也会解救别人。"

所以,我们必须接受自己的核心价值,接受真实的自己,把虚荣的东西抛开。同时相信自己值得拥有幸福。

十三、幸福的成长:心灵的智慧

设想自己已经110岁时,告诉自己如何才能在生活中拥有更多幸福,把答案写下来。然后尽可能付诸行动。

我们的进步、我们的成长和我们的幸福,都是来自我们认识自己以及向自己提问的能力。

十四、享受幸福的花朵:淡定从容

简单即幸福,时间上的富裕比物质上的富裕能带给人更多的幸福感。做得少并不代表做得不好。

人们可以快乐而完整地成长。

十五、幸福至上原则

作者再次引导我们思考这样的问题:什么对我有意义?什么能带给我快乐?我的优势在哪里?

幸福就是问自己:"我的使命是什么?"当我们经常问自己这些问题时,我们获得终极财富的机会自然就多了。作者期望幸福理论能成就幸福社会,解决个人和国家之间的纷争。

作为一本理论书,作者对幸福的思考深入而全面、表达系统而完整,是积极心理学的重要书目,而心流理论也多次在书中出现,将心流纳入幸福的范畴,对于上班族来说,有一定的启发。

掩卷反思,就我个人而言,时间管理一直是令自己头疼的弱项,如何高效利用时间,训练自己专注投入一件重要而有意义的事情中,且具有创造闲余的能力,真正做到淡定从容,是自己需要终身修炼的课题。

毕淑敏在《提醒幸福》一文中说：

"常常提醒自己注意幸福，就像在寒冷的日子里经常看看太阳，心就不知不觉暖洋洋亮光光。"

是的，我们要发现、珍惜身边已有的幸福，更要主动创造幸福：在红尘里精进用功，在生活中品味美好，淡定从容地度过充实快乐的一生。

品读故事，揭秘心理

——《当代教育中的心理效应》读后感

当心理学知识被用一个个妙趣横生的故事展现时，它不再抽象枯燥得让人望而生畏，阅读也变得愉快有趣起来。

北师大刘儒德教授的《当代教育中的心理效应》就是这样一本让人不会产生阅读疲劳的书。

刘教授在前言中这样写道："心理学的规律和效应非常多，我们经过精挑细选、反复讨论，最终确定了66条，并且分为教学、教育和管理三部分；在体例安排上，在每篇文章的正文前面，都呈现一个经典的实验、故事或者问题情境，以激活读者的先前知识经验，唤起读者探究正文的兴趣。而且，为了减轻读者阅读长文的认知负荷，我们在正文中间还加了一些标题，希望起到画龙点睛的作用。"

瞧，这本书本身就是一个心理学知识的应用典范，不仅将66个心理效应讲解得明明白白，还通过减轻认知负荷的方式让人产生愉快的阅读体验。

可见，心理学真的很实用，只是我们之前没读到这样轻松实用的书罢了。

比如下面这个故事：

美味"陷阱"

有两家靠街紧邻的卖粥小店，生意均很红火，每天顾客川流不息，然而晚上闭店结算时，左边小店总比右边小店多出百十元，天天如此，这是何故呢？右边店的张老板百思不得其解，为此甚是苦恼，如何提高该店的营业额？经过了解才知道，原来左边小店每进来一个顾客，服务员都会问："本店的煎鸡蛋外黄内嫩，味道很好，您是要一个煎蛋还是两个？"爱吃鸡蛋的会要两个，不爱吃的也会要一个，当然也有不要的，毕竟很少。而回想自己粥店的情景，她们的说法与左边店则有些小小的出入："本店的煎鸡蛋外黄内嫩，味道很好，您要不要尝一尝？"结果，有的说要，有的说不要，大概各占一半。

在人们做决策时，思维往往会被得到的第一信息所左右，第一信息就像沉入海底的锚一样，把你的思维锁定起来。右边小店的服务员，让顾客选择"要不要煎蛋"，而左边小店则让顾客选择"要一个还是要两个煎蛋"。由于顾客接收到的第一信息不同，其作出的决策也就有所不同。

一个浅白生动的故事，将这个美味"陷阱"中的第一信息——沉锚效应的规律娓娓道来,而在教学中,案例教学也是利用所学知识解决类似问题的锚。文中同时指出,教师在上课时既需要利用这种沉锚效应,又需要预防沉锚效应。

浏览过一遍后,我又重点翻阅自己最感兴趣的几条效应,其中"最后通牒是不是拖沓者的克星"——最后通牒效应,是我最想了解的。

"明知时间不多了,就是无法进入工作状态,同时又不断地谴责自己没有效率,始终被负罪感包围着。"

就像现在晚上十点半,我在敲打键盘,赶在明天之前上交学校这份小小的读书笔记……

是否能将书中所给出的良方——"制定负荷合理的目标和计划,并对可支配的时间进行管理"运用于实践,纠正我做事拖沓的陋习,减轻拖沓带来的无声折磨,保持生活的平衡,将宝贵的时间储存起来,且拭目以待。

读《乡土中国》，寻精神原乡

——《乡土中国》读后感

目耕缘读书群里推出一本共读书籍《乡土中国》，并摘录了作者费孝通在重刊序言里的一句话："搞清楚我所谓乡土社会这个概念，就可以帮助我们去理解具体的中国社会。"

对于我这样一个常被先生称为"不入世"的人，我自知年龄无法掩盖自己对社会的无知，又苦于无窥探世事之途径，一见此书，如获至宝。

成功在群里获得赠书，认真翻阅，收获颇丰。看了几章后，有次与人聊天时，听到对方说到中西方种种差距，言谈之中牢骚满腹。搁在以往，我虽不能苟同，却也无从辩驳。现在，却不自觉地想起了《乡土中国》中的一段话，原文如下："在西洋社会里，国家这个团体是一个明显的也是唯一特出的群己界线。在国家里做人民的无所逃于这团体之外，像一根柴捆在一束里，他们不能不把国家弄成个为每个分子谋利益的机构，于是他们有革命、有宪法、有法律、有国会等等。在我们传统里群的极限是模糊不清的'天下'，国是皇帝之家，界限从来就是不清不楚的，不过是从自己这个中心里推出去的社会势力里的一圈而已。所以可以着手的，具体的只有己，克己也就成了社会生活中最重要的德性，他们不会去克群，使群不致侵略个人的权利。"中国乡土社会，如同投入水中的石子荡出的涟漪，是以自我为中心、推己及人的；西方社会则有点像一捆清楚的柴，作者称之为团体格局，具有清晰的界线意识与契约精神。这也许就是中国人缺乏公民意识的根源。

这本出版于1947年的书中，已经提到了："普通常有'人治'与'法治'的相对称，而且认为西洋是'法治'社会，我们是'人治'社会"。作者条分缕析人治与法治的概念与区别，阐述了自己的观点：乡土社会既不是人治也不是法治，是礼治的社会。

薄薄的一本书，却通篇以宏观开阔的社会学视角，古今中外融以论之，苦了我这见识浅薄的读者，往往如坠云端不知所云，偶尔又被一段形象的文字或比喻拉回地面，端详一番，似又有所感悟。

比如57页："团体格局的社会里，在同一团体的人是'兼善'的，就是'相同'的。孟子最反对的就是那一套。他说'夫物之不齐，物之情也。子比而同之，是乱天下也。'墨家的'爱无差等'，和儒家的人伦差序，恰恰相反，所以孟子要骂他无父无君了。"又比如138页："功能，是从客观地位去看一项行为对于个人生存和社会完整所发生的作用，这是分析的结果，是营养而不是味觉。"文中此类比喻不少，抓住这样的段落，我总算像跳跳板似的把一本书囫囵吞枣地翻完了,却不敢说理解了。

记得一次美术课上,五年级的学生在画《参观与旅行》,一个男孩不解地问我:"为什么城里都进步了,农村还是没有进步,房子都是旧的,油漆也涂得不严实(大概是墙皮斑驳的意思)?"这是个值得讨论的话题,我把问题抛给其他学生,有的学生说:"有些农民有几套房子,那旧房子是用来放东西的。"有的说:"他们也可以盖好的房子,但他们可能喜欢住在原来的房子里"。

作为一个热爱野外的农村控,我该怎么回答你呢?规整高大的楼房与低矮老旧的土屋,一个是坚美的水泥笼子,一个是自然的山河大地。你说谁好谁坏?从社会学角度看,如何平衡个人的健全发展和社会的完整,怎样兼顾理性与感性,我无从知晓,我喜欢一个女生的补充回答:"有一次回农村老家,那里晚上没有路灯,满天都是星星,很亮很亮……"

愿今天的乡土中国,既绿水青山,也金山银山。

与曾国藩"照了个面"

——读《曾国藩的正面和侧面》有感

曾国藩(1811年11月26日—1872年3月12日),不是我想象中的巨蟹座。

《曾国藩的正面与侧面》,顾名思义,兼顾公与私、隐与显。

十多年前,孩子上初中,我在南京图书馆偶遇一本《曾国藩教子书》的小册子,钟叔河在前言里这样写:

曾国藩的儿子曾纪泽、曾纪鸿这样的正牌高干子弟,没有变成戏台上的衙内和大少爷,而成为清末著名外交官和古算学者;不仅儿子个个成才,曾家的孙辈还出过曾少钧这样的诗人,曾孙辈又出了曾宝荪、曾约农这样的教育家和学者。原因就在于曾国藩教子有方,"爱之以其道"。

当时,我翻开这本家书小册子,深以为然,觉得字字珠玑,竟坚持将整本书抄录下来,再将书还回图书馆。现在翻看,仍深受启发。

适逢目耕缘读书会推荐曾国藩的书,就想增加一些对他的了解。先是将后记看了,再看前言,正文没看几页,已经到了本书阅读收官交流的日子。

也就是说,我还没来得及360度地了解,只是与他"照了个面"。

不过,即使全书看完,我最感兴趣的估计还是他的家庭教育以及他在生活中是什么样子。

在我曾抄录的家书最后一页是这样的:

附 谕儿妇侄妇满女

家勤则兴,人勤则健

能勤能简,永不贫贱

衣事食事粗工细工

每日立定功课

早饭后　做小菜点心酒酱之类

巳午刻　纺花或绩麻

中饭后　做针黹刺绣之类

酉刻(过二更后)做男鞋女鞋或缝衣

吾家男子于"看""读""写""作"四字缺一不可,妇女于"衣""食""粗""细"四字缺一不可。吾已教训数年,总未做出一定规矩。自后每日立定功课,吾亲自验功:食事则每日验一次;衣事则三日验一次,纺者验线子,绩者验鹅蛋;细工则五日验一次;粗工则每月验一次,每月须作男鞋一双,女鞋不验。

右验功课单,谕儿妇、侄妇、满女知之。甥妇到日,亦照此遵行。

家勤则兴,人勤则健;能勤能简,永不贫贱。

(同治七年五月二十四日)

由这封家书,可以看出曾国藩心细如发,垂暮之年仍克己谨慎,对男女晚辈施以相应教导与具体要求,并且不辞辛劳要亲自验功。

从中,是不是可以看出他那举轻若重的稳健行事作风?

一百多年后,张宏杰的《曾国藩的正面与侧面》后记与前言,分别请了刘瑜和柴静两位女性来写,增强了可读性,想必曾公当年无论如何也想不到男女的教育平等到如此地步。

因此,曾国藩是有时代局限的;但是,他在修身、治家、平天下中获得的成功,也是历史事实。抛去他的封建政治立场与思想体系,毛泽东也发出"愚于近人,独服曾文正"的感叹,称之为"大本大源之人"。

电影《至爱梵高》结尾有一句"所思至深,所感至柔"。

用于曾国藩也很合适。

不同的是梵高为艺术,为亲人。

曾国藩是为社稷,为苍生。

实践·行动·输出——教学设计篇

中国民间玩具

【教学内容】苏少版一年级下册第17课

【教学目标】

1. 初步了解面灯的制作方法,能制作一盏可吃可玩的面灯;通过欣赏、操作,认识了解2—3种民间玩具,并能简单说出它们的材质、造型和色彩等特点。

2. 通过观察、尝试、动手实践,学习面灯的创意制作;进而欣赏、玩耍、了解不同民间玩具的材质、色彩、造型美,体验民间玩具的乐趣。

3. 在感性体验的基础上认识和了解民间玩具隐含的吉祥寓意与浓浓亲情,培养学生对民间玩具的喜爱之情。

【教学重点】通过观察、尝试制作一盏可吃可玩的面灯;初步了解2—3种中国民间玩具的材质、造型与色彩特点。

【教学难点】初步理解中国民间玩具的美好寓意与文化内涵。

【课前准备】面灯教具一盏;发酵小面团、小纸盘、小纸杯各50个;蒸锅、电磁炉各一个;不同材料的民间玩具若干,整理篮若干个。

【课堂方式变革阐述】

"思无定契,理有恒存",教学有法而无固法,我们在实践中逐渐形成了"循序玩美"的课堂教学方式,努力做到方法得当、不拘一格,从而使美术课堂教学充满生机。

罗恩菲德美术教育理论把儿童美术的发展分为六个阶段,其中一年级属于样式化阶段(7—9岁),此阶段是儿童从最初的表现尝试,开始形成有形体概念形式的时期,也是伙伴意识萌发的时期。

我国《义务教育美术课程标准》对于造型表现领域,提出低年级尝试不同工具,用身边容易找到的各种媒材,通过看看、画画、做做等方法大胆、自由地把所见所闻、所感所想的事物表现出来,获得视觉和触觉的乐趣;而对于欣赏评述领域,指出学生能观赏自然和美术作品的形和色,能用简短的话语大胆表达自己的感受。针对一年级儿童的年龄特征,将好玩又好吃的实用玩具面灯纳入课堂,使其感知探索生活中的媒材、体验发现不同类型玩具的特点,是引发学生学习欲望、丰富多种感官体验的有效途径。通过实践操作让学生自主发现、自我表达,力求让学生以自己的速度、自己的方式发展他们的美术技能与审美情感。

《中国民间玩具》是一节欣赏课,在中国民间,玩具俗称"耍杂",专作玩耍娱乐之用。民间玩具历史悠久,分布地域广阔,按材料可分为泥、木、草、竹、布、纸等类别;按功能则涵盖观赏、节令、音响、益智、健身等类型。由于大部分使用最常见的材料,所以制作活动遍布乡村城镇,品种丰富多样,且形态异彩纷呈。中国的民间玩具与的民间风俗习惯、文化观念也有着密切的关系,具有浓郁的乡土气息和人文意味。中国民间玩具不但体现了劳动人民的文化观和审美观,还蕴含深厚的美学意义和艺术价值。传承和发展优秀的民间美术,将其引入学校教育,是课程改革的重要任务之一,有助于增强学生的文化保护意识,树立社会主义核心价值观。

本课通过面灯制作,让学生在实践中掌握技能,在游戏中理解知识;学生既能感受民间玩具材质、色彩、造型的特点,又能领悟其隐含的吉祥寓意与亲情内涵,从而培养对生活及传统艺术的热爱与审美情趣。

教学中强调媒材与技法的有序多元组合。"循序玩美"的美术课堂鲜活有趣,旨在激发学生内在的美感能量。

【教学过程】

一、情境导入:故事表演激发学习欲望

(一)故事导入

传说很久以前,皇帝下令在正月十五这天,家家户户要挂灯笼赏灯。人们都上街买灯笼去了,可是灯笼很快卖光了,怎么办呢?人们就想办法自己做了一盏灯。瞧,孩子们端着灯上街玩耍了。三名穿古装学生端面灯出场表演:

灯儿亮 月儿明,

正月十五做面灯,

传递祝福又欢腾。

师:小朋友好,请问你们的灯是用什么做的啊?

生1:大家好,我们的灯是面做的。面粉里加了南瓜、胡萝卜、菠菜,大人们把做好的面灯蒸熟,再用火柴缠上棉花做灯芯,倒进食用油就能点亮了。

生2:我们用面灯祈祷新的一年风调雨顺。

生3:等油烧完面灯还可以吃,又好看又好吃的面灯是我们过年时最喜欢的玩具。

师:又能吃又能玩,这真是个有趣的玩具啊!(板书:玩具)

（二）学做面灯

师：你们会做面灯吗？请你们做小老师教教大家好不好？掌声欢迎。

1. 做小碗

生1：大家仔细看，用大拇指（或食指）向下按出一个小窝窝，小窝窝按得很深，因为中间要倒油进去，所以要深一点。

师补充：是的，待会上锅蒸，面还会长大，如果浅的话，蒸熟就会长成一块面饼了，油就倒不进去了。

生2：如果碗边不太均匀的话，要用拇指和食指一起帮忙，边转边捏均匀。

师：我们的桌上有面团，请小朋友端一个离你最近的面团（把面团轻轻端出来），每个人用最快的速度做一个小碗。（师和小老师帮助有困难的学生；展示一名学生做好的小碗，夸赞小手真灵巧）

2. 捏花边

小碗做好了，请小朋友坐正。小老师请继续吧。

生3：大家看，（出示完整的面灯）它比小碗多了什么？对，在碗口或者碗身上竖着捏出褶子，也可以横着捏。你喜欢捏什么花边都可以。

师：花边的形状可真多啊。每个人心中都有一盏自己的灯，属于你的那盏灯是什么样子的？赶快动手试一试，看哪个组做得又快又有创意。

（师和小老师巡视指导，针对性地锦上添花、雪中送炭）

展示2—3个学生作品。

师：做好的小朋友把面灯放在蒸屉上，小盘子收进篮子里。大家看，这叫蒸屉，小朋友注意啦，放面灯时，每两个之间要留有空隙，因为面灯在锅里加热后会长大，要留给它们长大的空间哦。请组长把蒸屉端过来，小老师请你们点评一下吧。

（生回答略）

师：小老师教得好不好？谢谢你们，请回到座位上吧。王老师现在把蒸屉一摞一摞地摞起来，把锅盖子盖好，开关摁下去，锅里有水，水一烧就产生蒸汽，蒸汽就能把面灯蒸熟了。好啦，它在里面要安静地呆20分钟。

二、聚焦赏玩：赏玩结合带来无穷乐趣

师：吉祥喜庆的面灯是中国传统的食用玩具，古老的祖国还有很多有趣可爱的玩具，你们想不想了解？

今天,就让我们走进中国民间玩具的宝库,感受它与众不同的魅力。(板书完整课题:中国民间玩具)

(一)看一看

师:小朋友们知道民间是什么意思吗?

生:劳动人民之间。

师:在6000多年前的新石器时代,我国就有用泥做的陶猪玩具了。后来玩具越来越丰富,有些玩具在历史的长河中渐渐消失了,有的一直流传到今天。瞧,老师这里准备了一些,你认识吗?谁愿意来介绍一下?请你来。

1. 学生介绍

师追问:你说得很棒,再摸摸看它是用什么材料做的。(板书:材料)嗯,民间玩具有的是纸做的,有的是布做的,还有的是泥土做的。

奖励小贴花。(贴在学生衣服上)

师:还有谁愿意来介绍?请你来。

3—4名学生介绍

2. 教师讲解

师:小朋友认识的玩具真不少,这个你们肯定不认识(师拿起泥咕咕)。老师现在拿的玩具来自河南,它是用泥做的,轻轻吹后面的小孔能发出咕咕的响声,所以它的名字叫泥咕咕。小朋友观察一下,泥咕咕身上有哪些颜色?(板书:颜色)

(生回答略)师:你找得很准,民间艺人们上色时有个口诀,"光有大红大绿不算好,黄能托色少不了"。黑色将红、绿、黄、白映得更加鲜艳和谐。这些都是不同形状的泥咕咕,颜色也更丰富了。

师出示纸翻花:知道它是什么吗?看好了(师翻转手柄,变出造型)。它是什么材料做的?对,是纸做的。它能翻出各种颜色的花,所以它叫纸翻花。纸很薄,小朋友待会玩的时候不能太用力哦。谁来试试?你坐得很端正,请你来。

(生上前操作)

师:你很爱惜纸翻花,奖励给你小贴花。

这儿还有个大的手翻花。(师示范)

师比较叫虎和布老虎:这两个玩具头上都有什么字?它们是——对,它们都是老虎,头大身体小、眼睛圆圆的、嘴巴张得很大,形状非常夸张,显得既威风又可爱。(板书:造型)这是布做的老虎,中国很多地方都有送孩子布老虎玩具的习俗,它身上也有红黄绿各种鲜艳的颜色。另一只是泥做的,它来自山东,将它的前后身体往中间轻轻一推,就会发出叫声,你能给它起个名字吗?

师拿起响蝉:像只什么?知了、蝉。它也能发出响声(师转动响蝉)。谁给它起个名字呢?你的耳朵很灵敏,能捕捉到老师讲的信息。

(二) 玩一玩

师:小朋友一定很想动手玩一玩了,别着急,玩之前老师有几个要求,我看谁的耳朵最灵敏:

1. 拿放动作要轻,声音要小。

2. 按照老师的要求拿玩具,玩一会再和同学交换。第一组,泥咕咕;第二组,叫虎;第三组,纸翻花;第四组同学自由选择。交换时要有礼貌,用"请"和"谢谢"来说。

3. 边玩边回忆它叫什么名字,它的颜色和形状是怎样的。

每人玩3分钟,那时我们的面灯也快蒸熟了,老师摇拨浪鼓时,小朋友要立即放下玩具,一起等面灯出锅,明白吗?

好,泥咕咕组坐得很端正,请你们先来拿玩具,叫虎组、纸翻花组、第四组选择自己喜欢的玩具玩一玩。

学生自主玩耍3分钟。师巡视指导。

三、品格升华:成功体验点燃美好寓意

(一) 考考你

师击鼓示意:说停(就停)。

同学们玩得很开心,王老师现在要考考你们了:它叫什么?(分别出示6张玩具范画,请学生说出名字)

师:我们认识、玩耍了那么多民间玩具,谁来说说它们和普通的玩具有什么不同。

(生回答略)

师边板书完整课题:中国民间边总结:土生土长的劳动人民爱自然、爱孩子,在创作每一件玩具的时候,都给予了深深的爱,所以创作出了这么多鲜活的作品。它们就像一盏盏明灯,曾经点亮了无数孩子的幸福童年。

(二) 点面灯

师:现在香喷喷的面灯要出锅了,我们要先关掉电磁炉,拔下插头,打开锅盖,端出蒸屉,让滚烫的蒸汽散发一下。

老师现在把缠上棉花的火柴,插在面灯中间,顺着火柴倒进食用油,用打火机打着,面灯点亮了。老师为小朋友准备了小灯泡和纸托,待会大家把面灯放进小纸托里,灯泡插在面灯中央,再把突出来的小开关推上去,你的面灯就亮了。请小组长把你们组的蒸屉端回去。

点亮面灯的小朋友们,让我们双手捧起面灯,一起诵读:
> 灯儿亮,月儿明,
> 正月十五做面灯,
> 传递祝福又欢腾。
> 民间玩具有很多:
> 面人陀螺泥咕咕,
> 响蝉风车布老虎,
> 快乐童年我做主。

今天开心吗?希望小朋友们课后把这份快乐分享给更多的人。今天这节课就上到这里,小朋友们再见。

游艺运河

【设计理念】

京杭大运河绵延千里,起京畿,达苏杭,地跨六个省市,贯通五大水系,全长1800多公里,见证了中国人民尊重自然、利用自然、改造自然的伟大创举。大运河流经淮安,给淮安留下了众多运河遗产,深深地影响了淮安的自然风貌和城市格局,孕育了淮安的精神特质和文化底蕴,是淮安名副其实的母亲河。

本课旨在让学生了解运河、体验世界文化遗产的魅力,让传承运河文化的观念从小在学生们心中生根。

通过课前调查反馈,我们了解到五年级学生虽然每天生活在运河边上,与运河古迹朝夕相处,却并不了解它们有怎样的前世今生。基于这样的学情,我们设计了课前预习单,帮助学生对运河历史知识进行了解,为本课美术学习铺垫必要的背景知识。

本课将教学重点放在与运河有关的艺术作品赏析和创作上,感受运河蕴含的人文情怀和艺术之美。通过听运河故事、绘运河美景,用纯真童心弘扬运河文化,传承运河精神。

【教学目标】

1. 初步了解大运河的历史,以及淮安在漕运史上的重要地位。

2. 通过赏析木刻版画、军粮经纪密符扇、风俗画长卷及其表现方法,全班尝试合作绘制运河美景长卷。

3. 感受美术创作的魅力,培养合作意识,提升合作能力;激发学生对家乡以及中华文明的热爱,增强民族自豪感。

【教学过程】

一、导入:运河邮票藏地名

师:每组桌上有一张明信片,邮票上藏着一个地名,请同学们找一找是哪里。

教师根据学生回答板书：北京、天津、山东、江苏、浙江。

师：除了这几个，再加上河北（出示板书：河北），这六个省市都和一条河有关，是什么河？（师板书将六个省市连成京杭大运河的线路图）

大运河是世界上建造时间最早、使用时间最久的人工河流，今天，我们就一起走近她，探寻运河之美。

（板书课题：游艺运河）

二、新授：一河千载织画卷

1. 交流预习成果

师：课前老师请同学们查阅了运河的历史资料，你知道了运河的哪些历史知识？谁来说一说？

（生回答略）

师指板书：大运河最初并不是这样的线路，老师这儿有三条线路，它们分别和谁有关？（学生选择并连接）

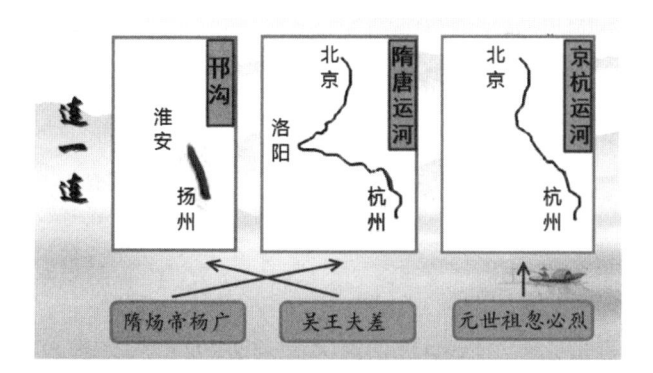

师：2500年前，吴王夫差为了北上争霸，从扬州开凿邗沟到淮安，这就是大运河的前身，后来经过隋朝和元朝两次扩展，加上沿途利用的自然河道，形成了今天长达1800公

里的京杭大运河。

2. 回望淮安漕运盛况

师：京杭大运河的开凿带动了沿线城市的繁荣发展，我们家乡淮安就是其中一座重要城市。（播放视频）

视频中的淮安是怎样的地方？给你什么感觉？

淮安独特的南船北马地理位置，让过往的文人墨客留下许多诗篇，唐代诗人李白"暝投淮阴宿，欣得漂母迎"，写他在淮阴受到像当年漂母一样村妇的热情接待；明代学者姚广孝留下"襟吴带楚客多游，壮丽东南第一州"的名句。

3. 说说身边的运河古迹

师：至今我们身边还保留着与运河有关的古迹。你知道哪些？谁来说一说？

学生分享校园里的丰济仓，校门前的里运河，周边的清晏园、清江闸等历史文化景点。

师：是啊，我们是运河边的孩子，千年运河早就入住在我们的心中，在我们的心底奔腾。

4. 选一选：感受清代线描的细致美

师：明清时期，清晏园是江南河道总督部院，有一位叫麟庆的总督，将所到之处的亲历亲闻一一记录，并请人配上插图，用木刻版画的形式编成一本《鸿雪因缘图》。这是其中两幅，你能将它们对号入座吗？

师：《荷亭纳凉》画的是有一天麟庆批阅完大量漕运文件，来到荷亭休息，他的小女儿在栏杆前俯身戏水，曲桥上走来吟诗的大女儿，此景让他倍感难得，于是留下了这幅动人画卷。

这幅线描用疏密有致、粗细变化的细致描绘,为后人留下了宝贵的漕运资料,传达出一份人间温情,也让我们记住了这位用心的官员麟庆。接下来这把扇子的线条让你想到了什么?

5. 写一写:体验密符线条的变化美

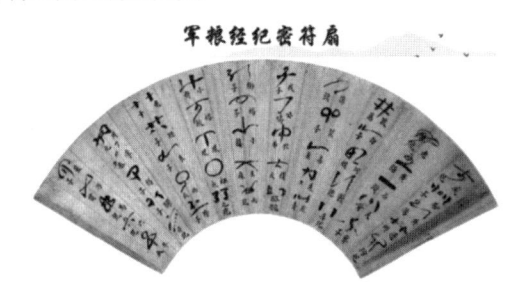

(生回答略)

师小结:这些线条流畅、简洁,有提按、转折的笔锋变化。这把扇子叫军粮经纪密符扇。漕粮从南方运到北京,入仓前要由军粮经纪负责验收,合格的用木炭在粮袋外面画上一个密符,它是军粮经纪人的身份密码,意味着他要对袋中粮食全权负责,所以每个符号代表着一个家族的信誉。

师:老师这儿有张宣纸剪成的粮袋,请哪位同学到前面来学着写一个密符。刚才我们观察密符线条有粗细变化,粗的地方可以将笔躺下来,细的地方竖起来,就可以一笔写成了。

师简要点评。

师:扇子上的密符是用毛笔写的,毛笔是古人主要的书写、绘画工具,这是清代画家徐杨用毛笔绘制的《姑苏繁华图》,我们一起来看一看。

6. 看一看:品味民俗长卷的气势美

师:你知道姑苏是哪里吗?大家都知道《清明上河图》,《姑苏繁华图》长12米,比《清明上河图》长一倍多,画了一万两千多人,建筑2100多座。老师今天把这张图也带来了(请几位同学帮忙展开长卷),大家按小组顺序走近欣赏,看看哪些地方画得最有意思。

师:你看到了什么有趣的情景?

(生回答略)

师小结:《姑苏繁华图》展现了当年运河城市苏州城郊以及街市的繁华景象,精妙的刻画让人叹为观止。

三、实践:水韵墨趣绘童心

师:同学们,你们有没有想过,古代没有相机,画家是怎样做到把这么多景象画到画面中的?

师小结:古代画家要进行大量的临摹、写生练习,通过观察、记忆的积累,再加上自己的想象,才能创作出精美的作品。今天我们也来学习画家的方法,画一画运河一景。

(一)教师示范

师:老师想画一座运河上的桥,请同学们仔细观察,待会说一说老师是怎么画的。

师演示,生观察并总结教师的作画步骤:

1. 仔细观察;
2. 用墨线画出轮廓结构;
3. 添画细节、色彩;
4. 用清水渲染线条和色彩;
5. 用清水沿物体边沿撕裁、粘贴至运河长卷上。

(二)学生作业

作业要求:
1. 细致观察或想象所画物体。
2. 用线和色彩画出运河的一角。
3. 用水破墨的方法洇染。
4. 将自己作品贴到画卷的合适位置。

小组讨论画什么内容,然后根据提供的图片独立写生或创作。

四、作业展评

学生将个人作品粘贴在长卷上,进行展示点评。

师:说一说自己喜欢哪一幅作品,为什么。你觉得自己作品怎么样?

学生分别从颜色搭配、线条与色块的对比、水墨晕染的效果等方面进行赏析。

五、全课总结

师:今天这节课你有什么收获?

师小结:有人说,在中国地图上,从山海关起,长城是雄健的一撇,运河是阴柔的一捺,在中华大地书写了一个"人"字,中国人的"人"。古代劳动人民用血汗和智慧创造了神奇的大运河。今天,淮安建立起水上立交(出示图片),淮河从京杭大运河的下方安全入海,防洪减灾能力大大增强。水上立交凝聚了党和国家对民生的关心,也凝聚了现代水利交通建设者的智慧。运河两岸生活着近3亿人口,相信在大家共同努力下,运河的明天一定会更光明、更美好!

【教海遐想】

京杭大运河因其时间、空间的广度衍生出深厚文化底蕴,如何从中甄别、撷取美术元素成为备课的第一道难题。从到图书馆查找馆藏资料开始,寻古迹、访遗址、看展览……随着对运河文化了解的深入,围绕着漕运故事线索进行教学设计,成为本节课的最初构想。

习近平总书记曾指出:我们要让藏在博物馆里的文物、陈列在广阔大地上的遗产、书写在古籍里的文字都活起来,丰富全社会的历史文化滋养。

本课伊始,设计了从明信片上找地名、希沃白板互动游戏、12米绘画长卷实物欣赏等活动,正是试图运用美术教学的直观性特点,让古老的运河文化可亲、可感、可触,引导学生将运河画卷捧在手里,记在心上。

京杭运河是一部煌煌史诗,本节课美术实践的设计也应该具有相应的格局与体量,于是设计了由每个学生绘制的运河一景合作组合成10米运河长卷,让古老运河在孩子们的笔触下缓缓舒展。

学生通过上述多元化的教学互动环节,完成了对运河文化的了解与认知,感受到身为淮安人的骄傲与自豪,增强了对绘画艺术的热爱与探究。

回顾整节课,从最初设计到课堂实施,教学方案经历了多次修改与磨合;在此过程中,我得到了领导与同事的悉心指导,也通过查阅资料丰富了自己运河历史知识,越发感到这节课不过是运河文化长河中的一朵小小浪花。运河承载着南腔北调的融合:从吴侬软语到京腔京韵、从宣纸徽墨到宜兴紫砂……绵延千里的锦绣画卷正等待着我们共同去发现、解读、探究。

实践·行动·输出——教学论文篇

多元活动：小学美术社团成长的"序参量"

——以"幸福涂图"为例

王红燕　周红叶

> 【摘要】本文运用协同论观点剖析部分中小学社团陷入困境的原因，并提出突破困局的策略。一、无序与误读：1. 无序——学而无术；2. 误读——序而无功。二、通过实践探究指出多元活动是社团成长的"序参量"：1. 多元活动促使管理序演化为和谐能量；2. 多元活动促使指导序演化为认知能量；3. 多元活动促使内容序演化为情感能量。多元活动以序参量形式激活社团成长。
>
> 【关键词】美术社团；成长；多元活动；序参量

美术社团是课堂教学的补充和延伸，与课堂教学相比更具灵活性、可塑性。笔者于 2013 年带领全组教师，成立了"幸福涂图"社团。几年来美术社团以特有的艺术魅力赢得了学生们的喜爱，学校也由此延伸发展出涵盖各学科的社团，与各年级的课程超市项目比肩齐行，渐渐满足了学生对发展空间、丰富精神的需求。但我们也清醒地认识到，要取得社团健康的可持续发展，还有很长的路要走。我们关注过不少国内中小学社团，成立初期活动有声有色，但不久就因各种原因沦为可有可无的点缀，甚至因学校的课程调整而销声匿迹。

大自然万物生发有序，人类活动亦然。德国物理学家赫尔曼·哈肯 20 世纪 70 年代提出协同学理论，他认为，任何事物形成的前提是结构组织的有序性，这些有序的结构相互杂交取长，又建构出系统的新质。本文尝试用协同学理论剖析社团的发展困境，力图揭示社团的生发、稳定、上升、进化规律。

一、无序与误读

我们从跟踪关注的社团发展困境中，剖析其难以为继的问题根源主要在无序与误读两方面。

（一）无序——学而无术

无序和有序一样，充满了学校教育的各个角落，管理的无序导致很多社团形同虚设。

1. 学校疏于管理

部分学校管理社团只停留在安排活动时间、指导教师、场地上，缺乏跟进管理意识，对开展社团活动的实际问题不能及时过问解决，教师、学生的诉求缺乏沟通渠道，不能形成有序的管理服务体系。

2. 师资良莠不齐

社团的活动项目有别于常规教学体系，必须配备专业指导老师。但不少学校在现有师资力量下，配备适合的社团教师显得捉襟见肘。学校要么"因师制宜"，根据教师特长开设相应社团；要么"全员参与"，所有教师与学生一起报名参加——教师成为指导老师，学生成为社团成员。无论哪一种，这样拼凑型社团的师资水平因机制失序而参差不齐。

社团的成长发展，必须追求有序，并由低级的有序走向高级的有序，否则即使开设了社团，学生也只能是学而无术。

（二）误读——序而无功

学校在管理上重视起来，制定了详细的社团管理考核办法以及条令，很多社团的发展仍然不见起色，学生的能力未见提高，究其原因，在于对社团"有序"的误读。

1. 规范并非套路

前段时间北京"格斗狂人"徐晓冬在比武中"秒杀"太极师父雷雷，在中国武坛引起轰动。现实中亦不乏习武人把套路规范的太极师父打得落花流水的案例。武术也好，社团管理也好，都应该对规则本身进行拆解，区分合理与不合理的内容，避免套话或打出花拳绣腿。在此基础上制定相关活动规则，做到客观有序，招招管用。

2. 目标背离现实

社团的意义在于脱离应试教育的窠臼，以其灵活性、可塑性深化学科教学的同时，培养学生的创新思维。然而不少社团仅仅局限于本学科的技能训练，将来势必难以转化成现实技能。因为在现实中，我们对技能的实际使用，并非条块分割，更可能是将各个学科的知识串在一起使用。

应试教育类似物理学上的做功，如同一个人挑担子走路，虽然很累，但由于并不是在正确的用功方向上移动，从做功的角度（与现实对接的角度）来看等于零，是无用功。

二、多元活动——社团成长的"序参量"

社团的宗旨是指向学生的生命成长,实现与现实生活的对接,有序是社团的必备条件之一。我们认为社团的有序性主要体现在管理序、指导序、内容序三个结构序列,而多元活动贯穿其中,是决定社团的结构序列能否产生新质的序参量。序参量是协同学理论中描述事物组织机制的一个概念,即在系统发展中起决定作用的量。如在管理学中,采用投票表决方式来反映对某项"意见"的反对或赞同,此时,反对或赞成的人数即序参量。多元活动正是决定着社团能否健康发展的"序参量"。

(一) 多元活动促使管理序演化为和谐能量

"幸福涂图"美术社团活动范围触及学校每一个角落,发挥的作用蔓延到生活的角角落落,首先得益于学校宽松的人文环境,其次在于发挥了学生的自我教育与管理能力。

1. 定海神针——宽松的人文环境

2013年前我们向校领导提出成立社团的设想,校领导立即给予肯定,在人力财力上予以支持。这不仅鼓舞了组内教师的积极性,也在学校营造了宽松互助的研究氛围。随着学校各种社团的开设,德育处就教师聘请、社团方案、时间安排、活动效果评估,多方征求意见,积极跟进管理,做到善始善终。每年六一儿童节德育处组织的社团秀,更是将全校社团活动推向高潮。

今年"六一",德育处为了营造学校的艺术文化节气氛,邀请几位民间艺人进校园,糖画、剪纸、撕纸等艺人现场为孩子们制作、展示,为了感受艺人们高超的技艺,孩子们在不少摊位前排起了长龙。醒目的海报、精美的展品、长长的队伍、耐心的等待、专注的制作,艺术在这一刻来到每个孩子身边。

有了社团秀这个舞台,"幸福涂图"的孩子每年"六一"可以变着法地玩些新花样。其中画脸最受孩子们欢迎,社团孩子用人体彩绘颜料在同学们脸上画出的图案或精美或有趣,孩子们"彩"面朝天,走到哪都是百分百的回头率。做些平时不能做的,玩些平时玩不了的,吃些平时吃不到的,此刻的校园,欢乐值爆表。

"一个人可以走得很快,一群人可以走得很远。"出于尊重儿童、鼓励创造的共识,多元活动将各层级的有序管理演化为全校师生心理上的和谐能量。

2. 小鬼当家——我的地盘我做主

社团成立之初,通过公开招募,选拔社员,所有对美术有兴趣,且有一定的美术基础的学生都可以报名。本着择优录取的原则,由美术教师从报名学生中选拔。同时,在社团成员中竞选出社长、副社长、摄影师、小记者若干名,每周定期召开社长会议。

每周三的大课间是社长的常规会议日,五年级的社长解同学提议:"我们要开展活动,让更多的人了解美术社团,可以举办一个绘画比赛让更多的同学参与进来。"他的提议让教师们不禁刮目相看,小小年纪就具有着眼社团发展的大局观。其他几位小社长也很赞同并补充自己的意见,讨论如何设置奖品等。于是,一份由社团学生自己策划的全校现场绘画比赛方案新鲜出炉。经由学校批准,教师指导社团学生将任务分配到人,成立了海报组、报名组、监考组、评审组、颁奖组。海报组几位同学,在海报上写了大大的"好消息"三个字作为标题,理由是街上商场宣传就是这样的,能吸引人的注意,真是小脑袋里主意多。经过一系列紧张有序的筹备,绘画比赛活动成功举办,取得了预期的宣传效果,更重要的是学生树立了社团小主人翁的意识。

让学生做社团的主人,并不意味着放弃教师的指导责任,学生毕竟是未成年人,很多观点还不够成熟。因此,在日常社团活动中,需要指导学生制定章程,为社团护航,这样他们的自我管理才能演化为促进成长的和谐能量。

(二)多元活动促使指导序演化为认知能量

多元活动能够激励学生思考,使知识相互渗透、相互借鉴,从而将教师的有序指导演化为学生求知若渴的认知能量。

1. 多元组合民间艺术

不同地域的人们经过生存的磨砺不断创造并继承下来的文化因素,构成了一种富有特色的地方文化。民间艺术正是一种历史上形成并得以传承的生存样式系统,成为延续和发扬民族性格的本源力量。

"赤橙黄绿青蓝紫,巧剪团花炫染时",团花是中国剪纸中历史最悠久的一种形式,在人们的心目中,象征着圆满完整、吉祥如意。

在社团活动中,我们通过示范、演示带领学生将普通的生宣纸经过折、染,变成绚丽的染纸后,再让学生独立用团花的制作方法剪出了染纸团花。它们既保留了传统团花均齐、呈辐射状的特征,其绚丽的色彩又让人眼前一亮,给人一种规整中有灵动,聚散中显绚丽的审美感受。远看花团似锦,近看变化万千,团团相聚,炫目多姿,为团花艺术平添无限魅力。

体验多元的民间艺术,用历史传承的本源力量铺染学生的人生底色,能够树立起学生内在的文化自信。

2. 多元对话古老文明

发源于尼罗河的古埃及文明以其独特的地域文化博得全世界青睐的目光。可惜古埃及文明没能像中国文明那样一脉相承,拥有 3700 年历史的古埃及文明被彻底湮没于滚滚黄沙之中。对大多数人来说,古埃及充满未知与神秘。在今天多元的全球视野下,吸收世界各国文化的精华已成必然趋势。为此,我们设计了以下主题活动:

教师指导学生收集书籍、图片、网络资料,对古埃及象形文字、神庙、壁画、金字塔等历史遗存进行赏析,分享古埃及神话传说、故事,带领学生们穿越历史的烟云,走进埃及这个邈远而神秘的国度。引导学生用吹塑纸版画绘制埃及壁画,学习理解古埃及人物画的正面律;师生合作以浮雕形式再现金字塔的气势恢宏、狮身人面像的神圣威严;指导学生用超轻黏土雕刻古埃及神秘莫测的文字;用卡纸制作头饰与项圈体验古埃及的民俗风情。

通过与古埃及文明的对话,经过一系列有序的指导与制作,学生对古埃及文化的认知丰盈而立体,对世界大文化概念具备了初步的认知。

3. 多元渠道品味艺术

社团的灵活性让活动渠道多元化成为可能。我们与地方文化展馆取得联系,经常组织周末亲子活动,带领学生走出校门,踏入社会大课堂,认识自我,认知世界。

周末,美术社团学员及家长来到淮安市国际摄影馆,开展美术社团半日游亲子活动。在摄影馆工作人员的带领下,学生们参观了"全国摄影名家看江苏作品邀请展"。构思精妙、视角独特的摄影作品,展示了江苏大地多彩的风情,吸引着学生们驻足欣赏。接着大家参观了党史馆,一幅幅画面、一段段历史,让学生们深深地体会到新中国来之不易;懂得了只有国家富强,才不会受到侵犯。最后大家来到位于负一楼的城市化史馆,共同追溯那峡谷、平原地平线上升起的一缕缕炊烟,探寻肥沃的土地、充沛的水系构筑的理想家园,沉浸在由世界各地人们不断追求的关于人类未来蓝图的一个个梦想中。

通过外出参观交流,学生们品味佳作、追寻历史、展望未来,视野得到开阔,对国家、社会、文化的理解与认知日益丰厚。

(三) 多元活动促使内容序演化为情感能量

多元有序的活动内容,有助于学生形成发达、丰富的情绪记忆,能够将内容序演化为情感能量。

1. 乡梓情长,丰盈学生的家园记忆

在中国传统文化中,人们以和谐为美,崇尚"天人合一",这种审美心理,深刻影响了中国人的建筑审美观。淮安的建筑也不例外,处处体现着"天人合一"的哲学观。

淮安清晏园正是这样一种自由的动态空间布局。园内亭台楼阁、廊榭桥舫,利用造景、借景、隔景、屏景等手段,使园林成为有机的整体。充分体现了道法自然,尊重大自然山水草木的兼容性。我们引导社团学生通过参观、收集清晏园的相关资料,小组探究梳理资料信息,在比较分析的基础上,鉴赏南北方园林与清晏园的异同。学生初步了解了清晏园的历史、成因、建筑特点,感悟到淮安园林的兼容性特征与艺术价值,培养了对家乡老建筑的鉴赏能力和保护意识。

除了清晏园,我们还带着学生写生河下古镇、身边的老房子。岁月无声,带走了昔日繁华,留下了烟火人家。愿家乡那经过岁月打磨的老建筑,能温润内敛地融进学生的原生记忆里——纵然志在千里,仍能乡梓情长。

2. 致敬大师,感悟艺术源于情感

瑞士雕塑家阿尔贝托·贾科梅蒂的雕塑作品单薄、瘦削,充满虚无的美感,这些作品日后成为他最具辨识度的创作。贾科梅蒂亲历两次世界大战,目睹了人间苦难、人性残酷和文明的毁灭,他的作品透露出普遍存在于人们心理上的恐惧与孤独,传递着一种隐忍但是坚强的能量。

在以此为主题的活动中,我们指导学生赏析其雕塑作品,给予和平时期无忧无虑的学生视觉与心灵上的触动与震撼,并产生情感的共鸣。再引导学生利用铅丝、超轻黏土、锡纸胶带等多元材料学习创作贾科梅蒂风格的人物雕塑,找到儿童情绪体验与艺术形象的连接方式,使得学生通过实践掌握大师富有个性的艺术语言。

学生们共情、理解贾科梅蒂,控诉文明的毁灭,同时感受其作品的人性光辉;认识到生命是如此无常与短暂,更加珍视和平,珍爱生命。

3. 系列活动,营造圣诞节的温馨

近年来国内掀起了一轮又一轮西方节日热潮。每年平安夜,条条大街人满为患,家家饭店座无虚席。这样的商业造势,无疑给懵懂儿童留下深刻印象。然而,问起学生圣诞节的由来,他们却所知甚少。为了让学生们真正理解圣诞节文化的内涵,我们尝试以美术社团为平台,开展了一系列美术活动。

系列活动一:搜集、选择全校师生一年来大小活动的代表性照片,在一面墙上拼贴成一棵大圣诞树,并围上一圈闪闪发亮的跑马灯,重温过去一年来全校师生的共同记忆。系列活动二:用白卡纸、白棉花制作圣诞老人的胡须,将自己变身为圣诞老人。系列活动三:制作圣诞花环、圣诞字母,感受圣诞元素里红绿对比的色彩搭配之美。系列活动四:提前邀请一位"圣诞老人",在平安夜(正好是社团活动日)空降现场,给孩子们带来惊喜,掀起社团活动高潮。系列活动五:接受圣诞老人分发提前准备的礼物——除了孩子的,还有送给孩子们父母的。

在一番紧锣密鼓的准备之下,孩子们度过了一个不同寻常的平安夜。笔者有感而发,当天写了几句感受:

>我们一起努力营造的平安夜
>
>快乐而吉祥
>
>当铃儿响起
>
>当驯鹿飞翔
>
>当制作的白胡子挂上耳旁
>
>当惊喜出现
>
>当笑容绽放
>
>当孩子们收到送给爸爸妈妈的礼物
>
>表情惊讶又欢喜
>
>这背后付出的一切都值得且难忘……

我们希望让学生们知道,这个世界是多元的,无论是中国将尊祖敬宗、世俗道德作为自己的信仰,还是西方以灵魂皈依、超越精神当作自己的宗教,都体现了人们对一种崇高、善的生活的追求。这样的圣诞节,与商业无关,与文化相连,此时快乐本身就是意义,意义是快乐自然的副产品。

《本草纲目》中说:"龙其形有九:头似虻,角似鹿,眼似兔,耳似牛,项似蛇,腹似蜃,鳞似鲤,爪似鹰,掌似虎是也。"牛头马面、鹿角蛇身的龙,因多元组合成为一种神圣的灵物。如果说管理序、指导序、内容序构成了"幸福涂图"社团的有机整体,那么多元活动就是追求雕"龙"的神来之笔。它使得社团具有协作、互动的可能,有力地避免了社团活动的简单化与机械化,将社团的有序结构演化成和谐能量、认知能量、情感能量。几年来,"幸福涂图"受到各级领导肯定,先后被评为校、市"十佳社团""省红领巾优秀社团",相关课题被评为校级优秀课题,社团正以充满活力的姿态走向成熟。

一切教育手段,都是为了培养未来具有个性的社会人,多元活动作为自组织系统中的序参量,激活着美术社团健康成长,也为学生们建构着内在的生命情感与文化基因。

参考文献:

[1][美]霍华德·加德纳.多元智能新视野[M].沈致隆译.北京:中国人民大学出版社,2021.

[2]陈坤林 何强.中西文化比较[M].北京:国防工业出版社,2012.

[3]戴铜.爱我淮安[M].天津:天津人民出版社,2010.

[4]绍桂华.序参量:体育教学系统自组织演进的主导者[J].西安体育学院学报,2008(1):110—113.

儿童美术表现能力的培养探究

> **【摘要】** 本文通过审思儿童美术表现能力的三个误区——教法不当,儿童难为无米之炊;体验浮浅,儿童难储无源之水;思维固化,儿童难立无土之木,得出儿童美术表现能力培养之道:技达以应手,情真以会心,思畅以得趣。从关注"记得住的知识"走向关注"一生带得走的素养"。
>
> **【关键词】** 儿童;美术表现能力;培养之道

儿童的美术表现是用必要的美术技能外化内在情感的过程,但一说起技能,人们往往就会与知识的死记硬背、大量的技法训练相联系。课改以来,美术教育界关于"双基"的地位,"综合"的分寸,"探究"的效果,在不断地开展理论探讨和实践探索。2022年颁布的《义务教育艺术课程标准》中指出,"艺术表现"落实到美术学科,体现为儿童运用传统与现代媒材、技术和美术语言创造视觉形象,是其美术语言掌握情况的外在呈现。

基于适应学生终身发展和社会需求的教育理念,我们应重新思考学科核心素养对具体知识与技能的覆盖,厘清儿童美术表现的内涵,探究培养儿童美术表现能力的有效途径。

一、儿童美术表现能力的培养误区

(一) 教法不当,儿童难为无米之炊

小学每周两节美术课,一般不是连课安排,教师在40分钟内,既要花时间组织教学,深挖教学内容的人文性、愉悦性,注重文化的渗透与关联,还要顾及学生自主合作探究的学习方式。课堂知识信息量大、覆盖面广,但用于动手操作、锤炼技能的时间少了,学生缺乏从知到会的进阶练习,久而久之不少学生无法做到以手绘心,常陷入举笔不定、捉襟见肘之困境。

(二) 体验浮浅,儿童难储无源之水

多媒体应用、数字化教学给教师带来了很大的便利,但使用不当也可能阻碍学生的发展。当教师将大量精力投放在如何使课堂花样翻新,吸引学生的眼球,其对真正的教育核心——儿童本身的关注势必减弱。儿童对周围事物的细致观察、自我感悟,日常生活中的真实经验,在美术课热闹的形式中逐渐被边缘化,未能获得"润物细无声"的关照

和滋养。

上海语文特级教师黄玉峰在谈到课堂师生互动问题时,认为很多环节以及提问,是一种形式主义,关键在心动,是有所得。否则课堂再热闹,也是枉然。

(三)思维固化,儿童难立无土之木

长期以来,受具象美术评价体系的影响,无论是学校的美术课堂,还是校外的培训机构,均过多关注了儿童的再现技能,即仅仅以画得像为标准以及满足视觉美感的需要。受此影响,美术技能学习常常变成了"临摹",作品评价也变成了"画得像、画得美"的技能比赛。

儿童能否有自己的态度,能不能提出不一样的观点,甚至能不能跟人家画得完全不一样?美术教育的价值不应局限在儿童画得有多像有多美,而忽略视野和思维的拓展、解决现实问题的综合素养以及健全人格的养成。

二、儿童美术表现能力的培养之道

从儿童美术表现看,画面效果呈现的美术语言是"技",儿童美术作品承载的感情表达、思维轨迹则是"道","技"与"道"互动融合、自然平衡。

笔者在教学实践中,将儿童美术表现能力培养之道概括为技达、情真、思畅三个方面,即技达以应手,情真以会心,思畅以得趣。

(一)技达以应手

美术作为一门学科,具有系统的知识和技能,美术学科教育通过习得美术语言——色彩、线条、造型、构图、肌理等实现。

1. 从观察到表现

教学中,教师应找到儿童美术语言的最近发展区,给予细致耐心的指导,从而使儿童的美术表现能力上升到能够独立掌握技能的新水平。

笔者在执教一年级的写生课《树》一课时,提前熟悉校园树木的特点和种类,在素描纸上画好数张树的图片,并标上树名注上拼音,分解作画步骤。上课时组织学生来到校园,先带领学生观察树的外形、抚摸树皮的粗糙纹路,介绍树的外形与局部之间的关系,重点引导学生观察树木特征,找出树木自身结构与环境之间的联系,然后让学生们自己找出不同树木的突出特点,再一步一步画下来,一点点地画具体。对于一年级学生来说,他们还没有达到能找准形的能力,能把东西找全就很了不起了。打好观察的基础,年龄

再大一点就开始逐渐要求找准形,画虚实,注意立体等等。

美术表现是儿童的第二语言,在美术教学中,并不是教师让儿童怎么画,而是教师通过暗示与引导,使得儿童自己知道该怎么画。只要教师不断地呵护、鼓励儿童,他们就会自己滋润自己,解放自己。

2. 从表象到想象

每个班都有一部分对美术学习感到困难的学生,能对教师提供的视觉形象全部记住的学生极为罕见,这是客观存在的现象,需要教师提供适当的帮助。因此笔者会在学生作业时提供一些图像参考资料。

五年级《看戏》一课中,事先选择戏曲人物图片复印给学生,第一课时的作业为临摹或半临摹一幅作业。有了这些图片,学生就不需要回忆或凭空想象戏曲人物的形象,降低了绘画的难度。第二课时,用水墨画出写意戏曲人物,由于第一节课构图和造型已基本过关,所以重点在笔墨、水分的控制变化上,画面相对比较完整,视觉效果也容易凸显了。

3. 从平面到立体

一位瑞典的神经生理学家说过:"在我们的手指尖上,有非常密集的神经末梢,如果手指得不到使用,如果在孩童和青少年时期我们成了'指盲',这一丰富的神经网络就会失去原有的作用,对大脑造成巨大的损失,并阻碍我们的全面发展,这种损失就像眼盲一样严重。"[1]

美术学科对发展和训练儿童手指的灵巧,有得天独厚的条件。

笔者在教学五年级《我是一只小小鸟》一课时,做了以下系列课程设置:

首先,学习画《鸟与家禽》,学生从观察生活中的麻雀、公鸡,再到动物园里的鹦鹉、孔雀、天鹅,逐步掌握鸟的大体结构与比例,进行绘画练习。

在此基础上,笔者为每个学生准备了细铅丝,带领学生用细铅丝做骨架,用超轻黏土做身体,做出可以立起来的鸟。学生非常感兴趣,自己想出了用鸡毛装饰翅膀、用豆子代替眼睛等创意。

第三阶段,学习用废旧材料将自己或同学装扮成鸟。笔者提前制作了微课,在课堂教学中,将制作工具材料以及步骤以视频的形式展示,重点带领学生了解材料组合技巧和方法,如用订书机、乳胶、胶棒的黏合时间长短对比,塑料袋、纸箱、硬纸板、布料的剪裁粘贴技巧等。学生小组分工合作,作品完成后以表演的形式进行展示。

在循序渐进的系列课程学习中,儿童实现了从平面到立体的美术技能转换,使得灵巧的双手发挥出创造的潜力。

---

[1] [美]戴维·米切尔,帕特里夏·利文斯顿.手巧才能心灵[M].王荣亭,译.天津:天津教育出版社,2012.

"观千剑而识器,操千曲而知音",任何技能的习得都需要长期的努力,短短的四十分钟美术课堂,对于培养儿童的美术表现能力显得弥足珍贵,需要用心准备,精准施教。

(二) 情真以会心

1. 民间艺术的文化记忆

民间艺术是延续和发扬民族性格的本源力量,学习了解民间艺术,能够为儿童留存文化记忆,进而构建文化认同和心理归属。

笔者在执教一年级《中国民间玩具》时,力图让学生们在动手制作中"学"进去,在欣赏互动中"玩"出来:上课伊始,以面灯故事导入,引导学生学习用教师提前准备好的蔬菜汁发酵面团,制作一盏属于自己的面灯;在面灯入锅蒸制的过程中,引导学生欣赏、玩耍教师收集的民间玩具实物,如布老虎、泥咕咕、叫虎、纸翻花等,了解民间玩具的故事和寓意,归纳造型和色彩特点,体验民间玩具的趣味。

最后,共同点亮、品尝自己亲手制作的面灯,升华情感认知,深切体会长辈对孩子的舐犊深情、对美好生活的执着追求。

儿童通过对中国民间玩具外在形象的认知,升华到对民间玩具所承载文化内涵的理解,体会民间玩具里包含的亲情,懂得感恩与付出,从爱父母开始,获得丰盈的情感体验。

2. 封面设计的公益视野

2020年初突发的新冠疫情肆虐全球,在这一灾难面前,人类应该反思人与自然的关系,作为同样受疫情冲击的儿童,他们需要探讨社会公益的话题,理解公益存在的意义。

在执教五年级《理想的居住环境》一课时,为了引导学生反思疫情的起源,深化学生的环境保护意识,笔者将法国纪录片《家园》剪辑成多个5分钟左右的片段,在每节美术课前播放一小段。这部全部从空中高清拍摄的影片,穿越54个国家,淋漓尽致地展现了地球的美丽与创伤。气候变暖、资源枯竭、物种灭绝,不再是抽象的词语,而是眼前活生生的画面和数据。观看后,师生立即进行简短交流:哪些画面给你深刻印象?保护地球、保护环境,我们应该从哪些小事做起?过了一段时间,学习《我设计的图书封面》,不少学生有感而发,选择以"家园"为书名,通过视觉语言表达对地球生态的忧思与对美好家园的向往。

通过真实体验和数字资源,增加儿童对自然生态的了解,鼓励其寻求微行动方案,关注儿童公民意识的培养,借助美术创作丰富童年精神内涵。

3. 男孩子的"老八"情结

根据气质类型理论,胆汁质和多血质儿童往往表现出更强的外向性和探索欲。这种特质在其与环境的互动中,常体现为对幽默恶搞行为的偏好。这本质上是儿童通过游戏化方式认识社会的一种途径。

教学《我设计的图书封面》一课时,笔者在不同班级发现有十来个男孩子,画了一个共同的主题——"老八",大多还很生动有趣。平时很不安分的小文多次画了老八,这回在老八的"八"字头上画了一坨屎。课后,我上网一查,原来老八是网络平台的知名博主,靠挑战极端恶心食物,配合夸张表情和音效来吸引流量。

在下一节课上,我问大家:"你怎么看老八这种行为?"有的男孩说:"觉得很搞笑。"有的男孩说:"老八是为了赚钱给他妈妈治病,才这么做的。"

原来老八在这些男孩子眼里是这样的,多数孩子对老八的恶搞表示同情,抱着戏谑的态度,唯有小文认为老八是个英雄,大声说:"他敢做别人不敢做的事。"

我听了,没有和他正面争论,而是结合刚学的藏书票说道:"这枚藏书票上有一本书,书里长出了花,一只小蜜蜂正飞来采蜜,从书中汲取营养。"顿了一下,我又说:"苍蝇对屎感兴趣,老八怎么和苍蝇一样啊?"他是个聪明的孩子,听我这么问,也觉得苍蝇真不算英雄,一下子安静下来。

某些网络内容通过拼盘杂烩与戏谑模仿追求感官刺激,导致真情实感的消解。人类情感既有神圣美好的一面,也存在低俗恶欲的可能。艺术教育应秉持温柔敦厚之风,倡导和谐,培育善念。教师既要学会懂得如何应对不同气质的学生,帮助其构建心理防护体系,也担负着"化育一方、匡正世风"的重任。

(三) 思畅以得趣

明人袁宏道说:"世人所得者唯趣。趣如山中之色,水中之味,花中之光,女中之态,虽善说者不能下一语,唯会心者知之……夫趣得之自然者深,得之学问者浅。"趣更多来自本真,与儿童不做作、不修饰的天性相契合。

1. 星期三是靛蓝色的

一小部分有联觉的人,他们能跨越不同感觉领域来感知这个世界。有些人觉得梨子尝起来是"圆的",葡萄柚是"尖的";还有一些联觉者将色彩和星期几联系起来,因此星期三可能是"靛蓝色的",星期四可能是"红色的"。

虽然大多数人不是联觉者,但培养孩子们天马行空的想象力却可以从联觉者的思维获得启示。

笔者会设计一些蒙太奇式的想象力训练游戏:准备两组不同颜色的纸条,黄色纸上写上各种物体,红色纸上写着各种场所。如:

黄色纸面:人、鸟、鲸鱼、猫、飞机、船、气球、风筝、苹果、眼睛……

红色纸面：房间里、床上、口袋里、帽子里、鸟笼里、公园里、信封里、鞋子里……

从以上两组纸条中抽出一个，组合起来，想象画面是否不可思议。孩子们会看到并不奇怪或很奇怪的画面，直到认知里既定的可能和不可能都交错在一起。有兴趣的学生还会在课后画出来。

也许我们所有人都有跨感觉的能力，只是这部分能力比较弱小或处于沉睡状态。设计变形、代换、大小变化等想象力训练，可以鼓励儿童有勇气打破思维的界限，想象出超现实画面。即使无法通过此类训练获得真正的联觉，也能有效培养艺术创作所需的独立思考能力与自我表达意识。

2."揭发"出来的精彩

上好一节课与其面面俱到，不如讲透基本概念，练好基本技能，留给学生更多探究的空间、发声的自由。

在笔者三年级《重复的形》的课堂上，学生们正安静地沉浸在自己的作业中。突然有个学生的声音打破教室的安静："老师，她在下面玩面巾纸……"只见一个女孩正用水彩笔在点面巾纸玩：纸中间点成了玫红色块；外侧点成了一道紫色的弧线，周围特意留着空白。打开来一看，竟然是一幅色彩明丽、构图饱满的图案。

笔者将面巾纸展示给全班同学看，博得全班赞叹，笔者讲述了小女孩染的方法后，马上有学生从书包、口袋里翻出面巾纸想试一试。过了一会，有学生面露难色：他的水彩笔点染不透厚厚的面巾纸。于是，笔者请出"原创者"分享经验：原来她是把三层的面巾纸撕揭出薄薄的一层，点的时候，水彩笔在纸上停留时间长一些，这样就能轻松染透了。疑惑的学生恍然大悟。

笔者又把这张作品带到其他班，引导其他学生也试一试。一石激起千层浪，好多学生迅速被吸引，他们有的立即在课堂上动起手来，有的放弃午休，用各种色彩、点线面搭配出变化万千的漂亮图案。

随手可得的材料、简单实用的方法、富有视觉冲击力的效果，年级刮起了染纸旋风，这一切来得非常偶然又有其必然："原创者"善于色彩搭配，理解了前期《风筝》的对称画法，顺利进行了思维迁移；加上孩子自身的灵性，使得平凡的面巾纸瞬间熠熠生辉，而同伴之间非正式的学习促使沟通更容易完成。

3. 像艺术家一样思考

笔者有幸曾随江苏省音乐美术教师培训团队赴英国学习，对高中 A—Level"艺术与设计"课程记忆犹新。该课程核心理念是培养学生掌握复杂、抽象概念的逻辑能力，以主题性创作研究的形式开展教学。印象最深刻的是每位高中生都制作了一本厚厚的记录思维过程、材料实验、造型训练、主题呈现的创作手稿本，每一本都个性鲜明，无一雷同。

其中既有艺术的即兴表达,更有严谨的理性架构。

基于对这种教学形式的认同,笔者在教学实践中,也尝试将这样的理念融入课堂,做范画时,尽可能尝试媒材的多种可能。如五年级《非洲雕刻》一课,设计的作业就有画木雕、做泥塑、一次性纸杯、铅丝与超轻黏土彩塑等,笔者深度挖掘非洲雕刻的相关历史与知识,在网上购买多件南非木雕实物,指导学生收集书籍、图片、网络资料,引领学生进行开放式的创作思路探讨,不断丰富思维框架,形成相对完整的知识脉络。针对学生选择的媒材和主题"因材施教",促使学生有目标地完成自己的美术创作。

像艺术家一样思考,要求学生在学习过程中,超越简单模仿,通过主动思考和行动进行创作,学习艺术家的创作理念,拓宽创作思路,使"童"画不再"同"画。

儿童美术表现能力的培养,不仅仅是培养技能,"由技入道"的教育策略蕴含着对儿童成长的开放和包容,对儿童公民身份内涵的探索,帮助儿童从认知理解到情感共鸣,最终实现美术表现能力的阶梯式进阶。在以视觉形象为主导发挥独特育人功能的前提下,美术教育应满足儿童诉求,确立儿童立场,使美术表现成为促进儿童艺术心灵成长的培育场域,推动能力培养从关注"记得住的技能"走向关注"一生带得走的素养"。

参考文献:

[1][美]菲利普·津巴多,罗伯特·约翰逊,薇薇安·麦卡恩.普通心理学[M].钱静,黄珏苹译.北京:北京联合出版公司,2017年1月版.

[2]李力加.儿童美术教育专题研究[M].济南:山东教育出版社,2016.

[3]周鲒.儿童公民艺术[M].广州:广东人民出版社,2013年.

[4]马菁汝.罗恩菲德与艾斯纳的告诫[M].长沙:湖南美术出版社,2010.

[5]刘仕奇.中外合作办学A—Level艺术与设计课程教学个案研究及启示[J].中国美术教育,2020(2):113—117.

发现孩子心底的艺术家

——基于社团建设的美术创意活动开发探究

【摘要】 儿童天生具备一双勤于探索与发现的眼睛,而美术课堂受时间与空间的限制,许多课程因各种原因无法开展。为了更好地进行创意活动的开发探究,笔者成立美术社团,从社团建设与创意活动开发两方面进行了实践研究,总结出社团建设与开展创意美术活动的方法与途径。

【关键词】 社团建设;美术;创意活动

每一个孩子从降临到人世间那一刻起,就好奇地观察身边发生的一切。在一次次的观察中积累自己的认知,也产生着创造的想法。

1879年的西班牙阿尔塔米拉,小女孩跟随爸爸在洞穴里玩耍,发现了父亲辛勤工作四年没有考察到的壁画。无独有偶,法国拉斯科洞穴壁画也是孩子在郊游时的发现,才使得它跨越万年的孤独与寂寞,与现代人重逢。孩子天生具备一双勤于探索与发现的眼睛,毕加索甚至发出这样的感慨:"我十四岁就能画得像拉斐尔一样好,之后我用一生去学习怎样像孩子一样画画。"米罗、夏加尔等众多大师的作品,也洋溢着返璞归真的趣味。

如何发现藏在孩子心底的艺术家?如何呵护孩子纯真的创意?这个问题考量着孩子启蒙美术老师的智慧,也促使笔者不断深入地思考与实践。

美术作为一门内涵丰富的课程,设计、绘画、欣赏等都是学习的内容。而美术课堂受时间与空间的限制,有许多课程因各种原因无法开展。为了更好地进行创意活动的开发探究,笔者想到了成立校级美术社团。旨在进行美术创意活动的同时,利用艺术活动交流方式迅速缩短个体之间的距离,帮助学生在社团中形成集体的认同与归属意识,努力成为较稳定的校园艺术群体,能充分实施美术创意活动,突破时空的限制,为校园文化走向多元、开放作出贡献;同时能引导学生关注多姿多彩的人群与社会形态,以独特的视角洞察社会,以艺术创意的形式发表自己的观点。于是笔者在2013年带领全组教师,成立了校级"幸福涂图"美术社团。在校领导的重视、教师们的努力、家长及学生的积极配合参与下,经过几年的实践与发展,如今,"幸福涂图"已经成为结构合理、类型多样、充满活力、健康向上的学生社团,社团成员已扩展到40余人,正沿着健康、有序的轨道自主发展。

一、组建社团，建设良好的创意活动环境

社团的创意活动范围力图触及学校每一个角落，辐射我们的生活社区，影响我们身边的人和环境；开发独特的地方文化资源，让美术社团发挥的作用蔓延到生活的角角落落；发挥孩子的自我教育与管理能力，增强社团学生的社会责任感，这就需要社团有严密的制度保障。

（一）明确宗旨，制定章程，为社团创意活动保驾护航

为了使社员明确本社宗旨，保障各项活动顺利开展，特制定章程，以加强学生的综合素质、提高学生的专业水平、扩大美术教学的影响，使学生有展示自我的园地。以展现学生多姿多彩的学习实践生活风貌为宗旨，把"幸福涂图"打造成一流的美术社团。

（二）公开招募，选拔社员，因创作兴趣相聚社团

凡承认本社章程，所有对美术有兴趣，且有一定的美术基础的学生都可以参加。本着择优录取的原则，寻找优秀的美术人才，在校园张贴招募广告，社团成员由美术教师从报名学生中选拔构成。报名后经美术老师审议通过，即可加入本社。

（三）明晰权利，履行义务，提高社团凝聚力

众人拾柴火焰高，只有大家共同努力才能让社团健康发展。通过社团成员全体讨论制定出以下权利与义务：

1. 社员有竞选社长等职务的权利；
2. 社员有对本社提出评论和建议的权利；
3. 社员有自觉遵守章程、执行本社决议、完成本社分配的工作任务的义务；
4. 社员有积极投稿、积极参加本社各项活动的义务。

（四）有序推进，定期交流，激活社团生命力

社团自成立以来，每周四下午进行活动；不定期举办有规模的书画展，举办社会服务活动；与兄弟社团进行交流、合作，扩大影响。

（五）设置奖项，鼓励创作，增强社员的荣誉感

为了鼓励社员积极参加本社举办的活动，每学期末评出优秀社员若干名，并给予一

定的奖励。符合学校规定者,在综合测评中也可相应加分。社员作品在参加校级以上的比赛和各项活动中获奖的,也相应加分,并作为评优的依据。

二、创意活动,唤醒学生心底的艺术家

美术社团是课堂教学的补充和延伸,与课堂教学相比更具灵活性、可塑性,因而学生非常乐意参加。通过美术社团的活动,学生的美术特长得到更好的发展,学生进一步了解了美术的基本知识,培养了观察能力和创新思维能力,艺术潜能得到了很好的开发。

(一)图像引导与记忆融合,发现学生心底的本色之美

学生在面对、感受新事物时,通过视觉思维与原有生活经验的融合,逐渐适应变化的环境,达到心理认识上的平衡。在美术社团活动中运用经典美术作品,介入儿童视觉感受经验,拉近了艺术作品与学生原有认识之间的距离。

社团活动案例:画风筝

"草长莺飞二月天,拂堤杨柳醉春烟。儿童散学归来早,忙趁东风放纸鸢。"中国的风筝历史悠久,每到春暖花开时节,孩子们都会在广场或绿地上放风筝,轻盈的风筝承载着多少愉快的记忆!

1. 说一说

你放风筝体会是怎样的?

2. 学一学

通过图片和视频,了解风筝的历史、风筝的种类,以及风筝的制作与图案设计。造型各异的软翅金鱼风筝、蝴蝶风筝,硬翅沙燕风筝、几何风筝,立体风筝、软体风筝……为学生们打开了绘画风筝的想象之门。

3. 想一想

你最喜欢哪种类型的风筝?它有什么特点?

如果让你来做,你想设计什么样的风筝?

4. 做一做

学生合作进行设计,裁剪、制作骨架,粘贴,制作成风筝后,再选择喜欢的绘画工具,在空白风筝上画出自己喜欢的图案与色彩。

5. 玩一玩

社团学生带着自己画好的风筝,在学校操场上开展放飞比赛,比一比谁的风筝放得高,谁的风筝有创意。孩子们的欢声笑语与风筝一起飞上了天空。

在欣赏风筝的图像教学设计中,根据风筝及其制作特点,引导学生欣赏,从视觉图像感悟的源头,积累学生的审美经验与感受。在此基础上,激活他们的头脑、心灵与身体的多维互动,动脑又动手,建立起个人经验。此时的学习是真实且富有意义的,学生的作品也体现出富有创意的本色之美。

(二)整体感官参与教学,引发学生内心的通感之美

在美术活动中,学生的身心知觉具有整体性,包括眼睛、耳朵、肢体在内,也就是视觉、听觉、触觉甚至味觉共同构成了整体知觉。在积累美感经验的基础上,自主创造视觉形象,使学生的想象力、创造力得到了充分发挥。

社团活动案例:我设计的动漫形象

动漫形象是学生非常喜欢的形象,每个学生都有自己青睐的动漫角色,但自己设计动漫形象他们还是头一回。

1. 感受与体验

通过图片、视频感受动漫形象的夸张变形,体验拟人的表现方法。屏幕上展示不同表情的动漫形象,让学生们分别模仿体验五官的变化;根据动漫形象的角色动态,学生们模仿体验各种造型的区别。学生的整体感官被调动起来,内在的情感情绪也与动漫形象有了呼吸与共的契合感。

2. 欣赏与引导

进一步欣赏动漫作品,引导学生观察如何从原型到写生再到概括的过程,以及色彩的搭配,为下一步的创作做好铺垫。

3. 创作与表现

教师出示准备好的废旧纸盒以及其他综合材料,问学生如何用夸张拟人的方法设计动漫形象。

教师根据学生的建议将材料进行剪切组合。

学生互相讨论自己带来的材料可以设计什么样的动漫形象,并小组合作完成作品。

4. 展示与表达

互相看一看,其他同学设计制作的动漫形象是什么样的?

在引导学生感受艺术作品的基础上,引发他们的知觉体验,唤起原有经验,两者结合能帮助学生形成独特的个人体验。

(三)主题活动触发想象,释放学生自由的表达之美

社团活动的灵活性让主题活动有着广阔的空间,利用周末组织社团亲子活动,教师们带领学生参观摄影馆、蝴蝶馆、博物馆、美术馆。围绕某个主题,有目的地带领学生参观、感悟艺术作品的美,探究作品的形成过程,了解艺术作品中根植的文化,催生学生的艺术想象。

社团活动案例:参观淮安名家摄影展

在历史的长河中,不同地域的人们经过生存的磨砺而不断创造并继承下来的文化因素,构成了一种富有特色的地方文化,它作为一种历史上形成并得以传承的生存样式系统,成为延续和发扬民族性格的本源力量。

"灵山多秀色,空水共氤氲",摄影家们一幅幅灵动的山水摄影,为学生创作提供了丰富的视野和不竭的灵感。熟悉的景象经过艺术处理之后呈现出的美带给学生欣喜与感动。学生们驻足在湖荡的鸭群前,停留在晨练老人的腰鼓声中,浸润在山村的苍茫暮色里。

参观回来,学生们创作了一幅幅以"家乡美"为主题的绘画。带着对摄影展的新鲜感受,他们用满腔热情绘制了心目中的美丽家乡,自由表达对所画事物的深入了解。主题参观活动提供了丰富的视觉资源,激发了学生的联想与表达欲望,产生好的作品也就顺理成章了。

学生通过赏析表现家乡风光的艺术作品,以多种形式亲近自然,不仅提高了美术创作能力;更在实践中培养了爱自然、爱家乡、护环境的道德情感,增强了人文精神和创新思维。

三、玩转社团秀,让创意在校园里传递

每年"六一"这个孩子的节日,美术社团的创意社团秀总吸引着全校孩子的目光,创意不仅属于美术社团,每一个孩子都可以零距离地参与进来。

（一）画脸

"六一"这天，高年级社团成员带着事先准备好的专用彩绘颜料，穿上自己扎染的汗衫，一字排开坐在桌子后面，他们要为全校小朋友表演有趣的画脸。低年级的社团学生则帮助准备材料，维持秩序。

不一会，桌子前就排了几条长队，踊跃来体验画脸的小朋友可真不少。第一次帮别人画脸，小社员们可是有模有样，每一笔都认真细致，左右端详。不一会，翩翩起舞的蝴蝶、黑白炫酷的蝙蝠、轻盈靓丽的花朵就出现在小朋友的脸颊上，现场不时传来开心惊喜的欢呼声。

越来越多的孩子闻讯前来，还有年轻的教师们也来体验孩子们的精湛技术。孩子们画得也更熟练，更有劲头了。由于时间限制，很多迟来的孩子没能在现场完成脸部彩绘，社团秀结束后，仍有部分班主任前往社团借用材料，带回班级让更多孩子感受画脸的乐趣，创意就这样在校园里传递。

（二）做彩毽

每个孩子都踢过毽子，但做毽子还是头一次。

社团学生用小圆铁片、橡皮筋、彩色塑料纸现场教同学们做毽子。即使低年级的学生也能学会。包一包、扎一扎、剪一剪，几分钟一个漂亮的彩色毽子就做好了。这样动手做一做、玩一玩，深得小朋友的喜欢。大家一起做彩毽，创意彩毽载着欢乐飞舞到学校的每个角落。

（三）涂鸦井盖

校园里有很多下水道井盖，大家奇思妙想，能不能为井盖画上美丽的妆容？

孩子们脑洞大开，有的画上好吃的，小吃货们一边画一边流着口水，路过的孩子不禁赞叹："哇！好像啊！我也想画！"有的画布满血丝的大眼睛，路过时做好心理准备可别被吓到哦！那个极具视觉冲击力的井盖，出自看似柔弱却古灵精怪的小女生之手；男孩子喜欢的美国队长、汽车也出现在井盖上；还有的井盖长出了花……

孩子们开心地说笑着、涂抹着，用一颗颗童心、一双双童眼，发现着生活美，也创造着艺术美。

几年来，社团创意活动新意层出，从民间艺术炫目的扎染、手缝的布衣，到古埃及的文字浮雕、创意版画，不仅开阔了学生的视野，更展现了学生的童心童趣，学生在美术社团活动中所表现出的积极、快乐、自信等成长状态,同样值得关注。

尽管目前社团规模相比课堂教学小一些,大多数活动形式还集中在校园内,但是我们始终致力于创意活动的实践性探索,研究如何通过感知与表达来发展学生的美术表现能力,梳理并提炼出社团创意美术教学的核心内容。社团学员创作的作品在国家、省、市级美术比赛中屡获佳绩。丰富的活动推动了社团的可持续发展,唤醒更多学生心底的艺术梦想,让他们在艺术海洋里自由遨游。美术社团是领略知识魅力的百花园,是学生培育能力、学会生活的预备站,更是守护人生尊严,体验成长快乐的实验场。它如同光芒万丈的灯塔,必将引领孩子们在美育征途上稳健前行。

参考文献:

[1]李力加.给幼儿教师和家长的81条美术教育建议[M].北京:中国轻工业出版社,2015.

[2]刘忠红.中国民间传统文化与少儿美术教育[M].郑州:河南人民出版社,2007.

美术课堂的幸福密码

> **【摘要】** 基于文献研究与教学实践案例,解析美术教学中,使师生发现并体验幸福的路径。从自由、自主、自信三个维度,对美术教学中如何获得幸福体验做理论阐述和实践说明。
>
> **【关键词】** 美术课堂;幸福密码

美术课上,教师正为学生们播放着幻灯片,师生共同欣赏着一盏盏造型浑朴的青铜灯。

屏幕上出现一盏东汉铜牛灯,设计精美,工艺精湛,学生们被深深吸引,当得知那长长的管道是油灯的出烟口,将烟排到牛的身体内,不会污染室内空气时,有个学生高高举起了手:"老师,牛头上的管道有一道缝,是不是从那里拆开清洗的呢?"大家听了都迅速找到了那道缝,还发现铜牛灯由灯座、灯盏、烟管三部分组装而成,三部分均可拆卸。学生们的好奇心被充分调动起来。接下来欣赏的长信宫灯宫女的袖筒、雁鱼灯无不如此。原来它们既是灯具不可或缺的组成部分,同时又发挥着烟尘导管的作用,真是匠心独运,令人叹服。

在热烈欣赏交流之后,学生们借鉴作品中的创意和方法,运用形象思维,大胆想象,联系现实,尝试设计了很多有创意的灯。

一节普通的美术课,却让师生回味无穷。这里有触摸历史的感受,有穿越时空的体验,有专注欣赏的态度,有造型独特的情趣,有合乎情理的判断,有创造美好的理想。这一切汇成的丰富情感体验,就是美术课堂师生共同成长的幸福。

想要实现课堂幸福感的可持续发展,必须懂得学生是独立的个体,课堂是师生共同创造的生命成长场域。笔者基于多年教学实践与理论探索,尝试解构美术课堂的幸福密码,营造生命在场性的美育生态课堂。

一、自由的孩子最幸福

小学美术教学涉及很多领域,美术学习方式也在不断变革,美术学习的场所由教室拓展到了校园、校外、博物馆、美术展览场所。这些特点要求教师具备民主开放的心态,具备良好的组织管理能力。博物馆是《罐和壶》一课学习的好地方,在征求学生意见,明确了参观目的,确保良好参观秩序前提下,课前我带着学生步行十多分钟去博物馆。参观过程中,学生充满好奇、疑问的眼神逗留在那一尊尊古朴的陶器、一件件精美的瓷器上,他们时而急切地询问讲解员各种各样的问题,时而惊喜地向同伴述说着自己的发现和感受。当大家带着心满意足的神情感谢讲解员并与之道别时,我也为学生们在"课堂"上表现出的自主学习能力感到由衷的欣慰,他们在后续制作罐和壶的过程中的参与热情、作业效果都可圈可点。

此时,幸福是那踏进博物馆的轻盈脚步。

二、自主的孩子最幸福

教师必须明晰的是:课堂本应是学生的,学生学习时间不是你"给"的,而是原本属于学生,你理应归还的。

当我需要讲解美术知识技能时,总会征求学生意见:"老师讲多长时间好?""五分钟。"学生跃跃欲试,想快点作画。我则尊重学生意见,将所讲知识提炼成几个词、几句话、几个问题。

如在教授《我设计的卡通形象》一课时,我设计了四个问题:

第一问:你最喜欢哪个卡通形象?(学生发言踊跃,展示自我。)

第二问:你为什么喜欢它(他、她)呢?(学生的回答饱含发自内心的喜爱之情。)

第三问:欣赏课本、课件上的卡通形象,它们有哪些特点?(难度不大,学生在感受、思考后轻松搞定,教师根据学生回答板画夸张、幽默的卡通形象局部——手、眼。)

第四问:怎样将老师手里的粉笔设计成卡通形象?(此问稍有难度,请学生讨论交流,然后各抒己见,并推及几乎所有的物体都可以用卡通形象来表现。)

最后让学生自己设计一个卡通形象,当学生在练习中遇到障碍(造型困难、构图不饱满、色彩不协调等)提问时,我则把这些问题交给全班学生,激发学生思考,仍然解决不了的难题我再适度示范、点拨。这样,我"讲"的时间加起来大概仅有三五分钟了。

通过对比以前教师不厌其细的讲解,现在的课堂保障了学生自主学习的时间,学生动手实践机会增多了,独立思考问题、解决问题的能力增强了,学生的作业也更有创意、更有美感了。

此时,幸福是孩子自我价值的直观显现。

三、自信的孩子最幸福

为确保教的活动的针对性和有效性,美术教学应该尽量让学生"先学"。美术学科的特征决定了任何一个小学生在从事美术活动方面都不是零起步。运用已有的经验,运用内在的艺术直觉,并借助外力,来揣测和推断并领悟未知,在这样的过程中,学生的美术素养和造型能力得到初步训练与培养。

在执教四年级《冷色、暖色》一课时,为了培养学生的观察、发现能力,我在课前绘制了两幅内容完全相同,色调却截然相反的范画。

上课伊始,我请学生观察两幅范画,感受它们带给自己的心理感觉,学生马上被两幅画吸引,视线在两幅画上来回移动。他们发现画面内容完全一样,由于颜色不同竟然产生如此迥异的效果,给人完全不同的心理感受。学生通过观察、感受很快说出一幅画给人欢乐、温暖、热烈、温馨的感觉,而另一幅画却给人寒冷、幽静、神秘、凉爽的感觉。由这样的感受我引导出冷色、暖色的概念,接着请学生找出自然中的冷暖色(暖色:太阳、火焰、枫树、丰收的庄稼等;冷色:大海、蓝天、冰川、湖面等)、生活中冷暖色(生活用品、教室环境、师生服装等)。进而引导学生将冷暖色应用到自己的作业中,从学生的作业来看,他们对应用冷暖色彩显得很自信,效果也相当不错。

此时,幸福是融会贯通的积极思考。

四、自然的孩子最幸福

笔者曾观摩周红叶老师的一节六年级关于奇思妙想的造型表现课。上课伊始,周老师拿出一只香蕉,放在手中、耳边,分别问学生像什么。对于六年级的学生来说,可能每天面对的是大量的习题与试卷,以及各种需要标准答案的学习任务,让他们回答这样的开放性问题,一下子把他们从繁重的学习压力中解放出来,轻松地进入与教师的互动中。

当学生答出各种联想后,周老师顺势带着学生欣赏几幅奇思妙想的图片,并问问学生在生活中见过哪些奇思妙想的事物。

联系生活,释放学生关于生活的记忆,正是艺术的灵感源泉,也是学生最终作业得以生根的肥沃土壤。此时,周老师话锋一转:要想设计出奇思妙想的作品,必须进入奇思妙想训练营。于是,学生满怀期待、激动地进入下一环节,也就是本课的重点与难点:奇思妙想的方法。

周老师先出示一只高跟鞋,问学生想到了什么。

学生回答后,周老师出示了两种风格鞋的联想,这对打破学生的固化思维极为有益,让学生再次获得思维的解放。

通过一幅幅图片的联想与分析,学生掌握了组合、替换、夸张等一系列创意产生的方法,此时,周老师出示了范画:老师将路灯设计成这样的造型,排在路的两边一定很好看吧,你知道老师用了什么方法吗?

学生立即用刚学的知识做了回答。

至此,整节课的教学顺利进入学生作业环节,没有专业深奥的理论阐释,没有眼花缭乱的游戏互动,学生们学习状态舒展放松,安静中不乏激情。

接下来短短 20 分钟的作业时间里,学生们画出了一幅幅构思巧妙、构图优美的线稿。足以证明这节课周老师的引导取得了很大成功。

听课结束后,我本打算提一些美术知识方面的教学建议,但看到学生形形色色的美术作业时,我打消了这个念头,我惊讶于学生作业内容的多样性、作业表现的艺术性,我不禁反问自己:

学生画面的美感从何而来?老师并没有在欣赏图片时进行美术元素方面的分析,他们只是看到了,被吸引了,感受到了。是啊,美就该是这样的:是饱满的、是线条流畅的、是别出心裁的……而这些感觉,由图片的呈现直接而深刻地融入学生们的思想中,他们的作业也就自然而然体现出自己理想中的美。

学生自发感受美、表现美、创造美的能力不容小觑。

美感,人人希望拥有,也许它就像人手掌中握着的沙,你越是要抓紧,它漏得越多。相反,当你展开手掌静静地观望欣赏它,它才会从容停留。

幸福,此时是心领神会的艺术感受。

当孩子有了自己的理解,他才能将其用作品表现出来与同伴共享,在观点碰撞中感受美术课堂的思维乐趣与情感共鸣。这种幸福的课堂体验为教学过程的认知跃迁打下了情感基础。

爱美之心人皆有之。这一天性需要审美判断力的引导才能升华为高层次的精神追求。只有当学生长期接受创意受尊重、自信被保护、想象得激发的教育,才能使其艺术表现力充沛而富有个性,对什么是美,如何表现美才能有自己的判断。具备自由、自信、自主、自然个性品质的孩子不仅能获得独立的审美素养,更有助于为未来家庭、社区、城市乃至国家的美好建设注入审美动能。

参考文献:

[1]徐学福,房慧.名师讲述如何提升学生自主学习能力[M].重庆:西南师范大学出版社,2008.

[2][日]佐藤学.静悄悄的革命[M].李季湄,译.北京:教育科学出版社,2016.

"何以载乡愁"

——以地方建筑涵育儿童家园记忆的实践探究

王红燕　贾建枚

>【摘要】随着城市化进程加快,传统街区消失;生活方式巨变,儿童家园观念淡薄。通过对地方建筑审美的探究,对淮安建筑的形制进行分类:官宦园林、寺庙建筑、帝王陵寝、古镇民居。选取部分具有美学品质的建筑加以课程建构:(一)建筑空间的整体性;(二)南北交界的兼容性;(三)正视现实的局限性。让传统文化融进儿童的原生记忆里,纵然志在千里,仍能乡梓情长。
>
>【关键词】地方建筑;儿童;审美

作为文化载体的建筑,是不同地域肥沃文化土壤里培植的一朵奇葩。江苏淮安拥有雄踞数百年的洪泽湖大堤、保存完好的河下古镇、漕运史上留存的官宦园林以及散落城乡的百姓居所,它们是淮安精神文明的一种载体,实证着淮安地域居民的人文精神、宗教信仰、风俗习惯。淮安建筑这样一种历史上形成并得以传承的生存样式系统,成为塑造淮安人性格的本源力量。

探寻家乡建筑的渊源,在小学美术教学中丰盈儿童家园的原生记忆,用历史传承的本源力量铺染儿童的人生底色,对于建立儿童内在的文化自信意义重大。

一、乡愁去哪儿了

地方老建筑是先人留给我们的宝贵遗产,是文化的记录。但在我们中的大多数人还没有意识到它们真正价值的时候,它们已经历着一场致命的浩劫。

(一)城市化进程加快,传统街巷消失

今天,对传统老房子、经典历史建筑的保护已得到越来越多人的关注,但城市化进程、新农村建设的步伐仍不可避免地会产生新旧更替的矛盾。在一轮一轮的规划、圈地、拆迁、新建中,城市里的传统街区逐渐消失,儿童每天看到的是宽阔的马路和一座座高耸的钢筋混凝土建筑。农村中的街巷与独具地方特色的乡土建筑慢慢不见了踪影,新

农村满是鱼骨型的路网和千篇一律的水泥楼房。过去盖一栋老建筑,要经过数年时间,凝聚了技艺精湛、经验丰富的工匠们的劳动和智慧。今天拆除它们,却只需一顿饭的工夫。

(二)生活方式巨变,家园观念淡薄

便捷的网络,给人们生活带来巨大变化。随着获得的知识信息越来越丰富庞杂,人们在频繁接触外来思想的同时,对乡土的历史文化却少有兴趣,对新鲜事物感兴趣的儿童更是对司空见惯的周遭一切处之漠然。现代生活方式的改变,消弭了时间与空间的距离。我们的世界不再有"家书抵万金"的惊喜,却有着雪花般铺天盖地的纷扰信息。我们不再有祖先传了几代的祖宅,只能拥有产权 70 年随时可能被拆除或出卖的房产。我们从没有像今天这样,人与人生活得这么近,却又离得那么远。

二、淮安传统建筑知多少——形制的故事

建筑的形制,就是建筑物的形状与模式。淮安是中国古代运河沿线的一座重要城市,那一座座风格各异的园林寺庙、一片片历史悠久的古城古镇,记载着繁华的人间往事。

(一)官宦园林,百姓悠游

位于淮安市人民南路的清晏园,始建于清朝康熙年间,至今已有三百多年的历史。清晏园原为清代河道总督的后花园,是苏北地区最具代表性的古典园林,也是漕运史上唯一保留下来的官宦园林。如今园林免费向市民开放,园内建筑玲珑剔透,建筑色彩淡雅素洁,小桥流水、回廊转阁、曲径通幽,于空间转折处为观者营造"柳暗花明又一村"的惊喜感。

(二)寺庙建筑,还愿祈福

淮安市区一条平常的街道里,坐落着一座文庙,文庙的旁边有一座慈云禅寺。慈云禅寺,原名慈云庵,始建于明万历四十三年(公元 1615 年),历史上几经兵燹、火灾。1986年,江苏省人民政府批复同意慈云寺修复开放,列为省重点寺庙之一。新建的山门殿上,镶嵌着全国佛教协会会长赵朴初先生亲笔题写的"慈云禅寺"金字匾额,每天都有来自全国各地的信众前来祈福,尤其每年的腊八节更是香客云集。

（三）帝王陵寝，思接古今

明祖陵是明朝开国皇帝明太祖朱元璋之高祖、曾祖的衣冠冢及其祖父的实际葬地，位于盱眙县明祖陵镇，距盱眙县城 20 公里左右。泗州城被湖水淹没时，明祖陵也一起被吞没于湖水之中。20 世纪七八十年代，为保护明祖陵，筑堤 3000 米，把陵墓从湖水中隔出，沉没湖中 300 余载的文物瑰宝重见天日，成为一处游览胜地。一到明祖陵，首先看到的就是二十一对庞大石刻，雄踞在长长的神道两侧。从石刻群往北，是棂星门遗址和正殿遗址，正殿遗址处有石础子 28 个，可以想象当年正殿的宏大规模。

（四）古镇民居，人间烟火

河下古镇是楚州古城保存最完好的历史街区，至今整个街区仍保持着明清时的建筑风格。19 世纪早期，楚州河下镇曾经是淮北盐的集散地，极为繁盛。明清时期，河下弹丸之地，就出了 55 名进士，其中状元、榜眼、探花"三鼎甲"皆备。西游记作者吴承恩就是河下人。

清朝年间，河下镇文楼饭店老板女儿以联招亲传为趣谈，上联为"小大姐，上河下，坐北朝南吃东西"。这句上联刻在柱子上，征下联已有 200 多年，然而在它对面柱子上，至今尚无一字，成为绝联。这沾着世俗尘埃的联句，如普通小吃一样，看起来简单，却深藏着烟火人间的哲理。

三、何以载乡愁——小学美术教学能做些什么

建筑审美素养的形成，是在原生情感、原生居所中融入艺术内涵的过程，是人类面对建筑艺术时产生的特有心理感受。

在美术教学中，帮助儿童客观认知、了解身边建筑蕴含的文化传统的内涵与真谛；从大文化的角度去发现、认同传统建筑的价值，丰盈儿童对家园的原生记忆与情感。笔者从淮安建筑的整体性、兼容性和局限性几方面进行了思考与探究：

（一）建筑空间的整体性

河下古镇是整体建筑空间布局的代表。具有代表性的湖嘴大街、估衣街、花巷、茶巷、罗家桥等以重重院落勾连而成建筑群，庭院深深、大小纵横、高低错落，展现出一种整合美。

在美术教学中，寻绎河下古镇丰富的文化资源，设计不同的学习领域。如：对河下古

镇青墙黛瓦的明清房屋、岁月磨砺的青石板路、斑驳肌理的院墙、木雕门窗和家具等进行"造型·表现"领域的教学；对河下古镇的历史、风土人情、地理位置和旅游开发进行"综合·探索"领域的教学；对河下古镇的土特产（淮安茶馓、薄脆等）的产品包装、纪念品和旅游图的平面设计等进行"设计·应用"领域的教学；对河下古镇的整体布局进行"欣赏·评述"领域的教学。在众多的学习领域中，根据不同年龄段的儿童生理心理特点，采用实地考察、写生摄影、访谈录像、小组合作、探究展示等教学方法进行尝试实践。

（二）南北交界的兼容性

独特的地理位置造就了淮安人兼有南方人的清雅与北方人的豪迈。淮安的建筑也具有同样的兼容性。

清晏园正展现了这样一种集合南北园林风格的动态空间布局。走进园内，一座假山一汪水池迎面而来，引得孩童攀爬嬉戏、大人赏荷观鱼。两侧回廊将游人引进空阔的庭院。亭台楼阁、廊榭桥舫，利用造景、借景、隔景、屏景等手段，使整个园林既有几分北方园林的雄伟浩大，也兼具南方园林的典雅精致；既可于宽阔处信步游览，又宜在曲折廊榭里悠然闲坐，体现了汇聚南北园林风格、尊重大自然山水草木的兼容性。

以清晏园为例，在美术教学中，通过参观、收集园林的相关资料，小组探究有关清晏园的资料信息。在比较分析的基础上，鉴赏北方园林与清晏园的异同。初步了解清晏园的历史、成因、建筑特点，感悟淮安园林的艺术价值，培养儿童对传统建筑的鉴赏能力和保护意识。

最后进行园林设计创作：你心目中具有传统特色的现代园林是什么样的？在造型、布局、色彩、装饰上有什么新意？

（三）正视现实的局限性

地处黄河、大运河流域的淮安，在建筑材料上，盛产茂密的木材和适宜烧制的黄土。久而久之，土木混合使用成为淮安传统建筑的主要材料。淮安传统木结构建筑的重量都由构架承受，"墙倒屋不倒"这句谚语生动说明了木结构建筑的特点。但木结构建筑也有一个致命弱点："易毁难存"。现存很多木架结构建筑在历史上都曾毁于火灾，经后世修复方得以存留至今。

在美术教学中，以慈云寺为例，通过实地写生、资料查询、人物访谈、小组合作、师生交流、欣赏表达、实践创作等形式，不仅让儿童了解传统木结构建筑艺术，而且客观分析其弱点，从而加以理性剖析，认识到创新改良的必要性。

淮安,广袤苏北平原的一方沃土,一座漂浮在水上的城市。这座历经沧桑、宠辱不惊的城市,孕育了淮安的历史文化,也孕育了淮安人返璞归真、宠辱不惊的人生情怀。中央城镇化会议指出:"要让城市融入大自然,让居民望得见山、看得见水、系得住乡愁。"何以载乡愁?乡愁是老屋门前的那一株老树,家园是我们漂泊一生的精神皈依。美术教学以地方建筑为载体通过写生、参观、跨媒介创作等方式,引导学生探索建筑背后的历史记忆,在艺术实践中建立与乡土的情感联结,使传统建筑成为可感知,可亲近的家乡文化符号。

岁月无声,带走了昔日繁华,留下了烟火人家。愿河下古镇那经过岁月打磨的石板路,能悄然融进儿童的原生记忆;愿淮安本土那承载文化沉淀的老建筑,能赋予他们伏根深远的家园情怀,纵然志在千里,仍能乡梓情长。

参考文献:

[1]尹少淳.尹少淳谈美术教育[M].北京:人民美术出版社,2016.

[2]陈坤林,何强.中西文化比较[M].北京:国防工业出版社,2016.

[3]戴铜.爱我淮安[M].天津:天津人民出版社,2010.

[4]淮安市地方志办公室.锦绣淮安[M].北京:方志出版社,2004.

立体地图：小学美术项目化学习的创新思路

> **【摘要】** 以素养为导向的项目化学习已成为当前美术教学的新范式。线性美术学习方式存在教学目标缺乏适应性、学习思维缺乏灵活性、学习过程缺乏主动性等问题。立体拼图式学习具有整体性、求异性、动态性特点，通过聚焦美术教学内容、过程、评价，提升"重组—整合—开放"全拼图意识，促进"提问—创意—实践"全感知养成，完善"即时＋现场＋动态"多样化评价手段，帮助学生发展成为心智自由的终身学习者。
>
> **【关键词】** 小学美术；项目化学习；内容；过程；评价

2022年颁布的《义务教育艺术课程标准》，将审美感受、艺术表现、创意实践、文化理解等核心素养作为艺术课程总目标，浑然一体地渗透入整个美术教学活动中，旨在适应学生终身发展的内在需要，以应对不确定性日益增长的外部环境。在此背景下，美术课堂样态也在悄然发生改变，项目化学习应运而生。

项目化学习最初源于杜威"做中学"的经验学习，夏雪梅博士指出项目化学习不再是知识点的学习，而是学习提出指向本质概念的问题，能够实现跨学科、跨时间、跨空间的迁移，使学习者获得在不同情境中创造性解决问题的能力，即"素养"；从而将读书、做事、做人有机融合到一起，根本上解决教育目的过于窄化、细化等问题，扭转中小学教育重知识、轻做事、淡做人的倾向。

在以素养为导向的教学目标引领下，在用项目化学习方式设计美术教育教学的实践中，教师们需要应对的理念更新与实践挑战随之增多。笔者结合教育教学实践，通过线性和拼图两种教学方式的比较，对小学美术学科项目化学习的路径予以探析，以期与老师们就如何提高项目化学习设计能力进行探讨交流。

一、线性美术学习方式

人类在生活中很容易观察到线性变化：日出—日落—日出，春、夏、秋、冬，世间万物的生、老、病、死……因此，人们自然地认为世界是线性发展的。用线性思维的方式演绎世界看似合理，其实存在很大的误区："粗略地说，线性思维是简单性科学的思维方式，非

线性思维是复杂性科学的思维方式。"[①]线性思维在传统美术教学中,表现为以下几个方面:

(一)线性美术教学目标缺乏适应性

在世界日新月异的今天,学生的成长过程必定会受到外界众多信息的影响,学生的自我发展不断与外力发生碰撞,需要在与情境互动过程中,调动所有心理资源解决问题,从而适应复杂的外部环境。指向某一个美术知识点或技能技法的线性美术教学目标,呈现出单一性、孤立性特点,问题情境性与开放空间明显不足。

(二)线性美术学习思维缺乏灵活性

线性美术学习是信息式、接受式的学习,存在习得现成知识与技能的思维机械性问题。各自为政、平行线式的学习思维方式对外在的适应和转变能力较弱,学生在遇到现实问题情境时,缺乏进行迁移与创造的能力。线性美术学习不利于通过思维的交织叠加来提升解决问题的灵活性。

(三)线性美术学习过程缺乏主动性

学生在线性美术学习过程中,被动训练各种认知能力,缺乏与教师、同学、社会的多元互动,学生的个性发展空间受限,心智成长滞后,难以获得在纷繁复杂的世界中必备的独立与合作精神。

二、拼图式美术学习

美国未来学家约翰·奈斯比特在其著作《定见未来》中提出了关于历史的拼图模型,他认为,人类历史的发展并不是像一条马路一样一直向前。更像是一张大拼图,这里拼一块,那里拼一块。真实的历史发展并不是像历史课堂上,教师按时间顺序讲解的那样在线性发展,而是迂回曲折、反反复复,涉及多方面的因素。美术教学亦是如此,就像一块你中有我,我中有你的拼图,而且是一张拥有多个维度的超大立体拼图。

(一)拼图式美术教学目标的整体性

在美术教学过程中,教师首先要对教学最终呈现的教学目标具有全局观,从整体上

[①] 苗东升.非线性思维初探[J].首都师范大学学报(社会科学版),2003(5):94-02.

对学生的心智发展予以思考与谋划,尽可能多地收集与教学目标相关的信息,并对这些信息进行筛选与分析,旨在探究问题的过程中,帮助学生达成深度理解知识、发展能力、培养态度和价值观的素养目标。

(二)拼图式美术学习思维的求异性

立体拼图式思维需要学生突破思维单一路径依赖,针对具体问题予以具体分析,以便寻求更优的切入口,获得破解问题之道;立体多维的拼图式学习意味着学生有自主选择的时间、路径、责任,围绕问题的不同解决方法呈现出学生学习思维的差异性。

(三)拼图式美术教学评估的动态性

现实世界不是线性的,对应的美术教学评估也不应该是被事先"预制"好的。这就要求教师在教学评估中根据立体拼图式学习的动态性,既对最终的成果进行评估,也对学习过程中的探究实践进行动态评估。

三、小学美术项目化学习的实践路径

立体拼图学习方式,能够激发师生对问题情境的探索激情,让师生从开始就很清楚所学的每个部分都要从不同角度融于整体中,具体的知识和技能被结构化、组织化在其中。这种组织知识的方式恰好对应了以驱动型问题进行自由探索的项目化学习,笔者通过对教学内容、教学过程、学习主体以及教学评价四个维度进行项目化学习路径探析,让教学成为师生认知自我价值的契机,帮助学生发现自身与整个世界的联系。

(一)内容维度:提升"重组—整合—开放"全拼图意识

项目化学习旨在奠定学生的学习基础素养,需要一套新的目标系统来指导教师的教育教学。现行小学美术教材内容具有童趣化、生活化、媒材多样化等优点,也存在着对学生视觉思维差异性关注不够、引导学生发现真实问题的适应性不足的缺陷。

1. 在美术教材内容中打通知识关联

将概念理解与知识迁移的要求体现于教学内容之中,制定拼图式项目化学习方案。通过各课时、各单元的相对独立学习,对美术语言进行深度理解,更对课时之间、单元之间进行知识点联结,找到彼此相互依存的呼应关系,实行"迁移留白",为学生自主探究预留空间。同时,从学生跨年级成长层面出发,研讨制定纵向项目化学习规划,构建更大范围的知识拓展空间。

以苏少版四年级"鸟"的单元为例,本单元共有《鸟》《水墨画鸟》《鸟的纹样》《我是一只小小鸟》四课,教材的编写很有逻辑性。这样的教学如果按部就班地上进行,一般要持续3到4个星期,对于平时生活中并没有太多机会接触鸟的学生来说,新鲜感过后,时间一长难免会造成审美疲劳。

笔者注意到后面的《听音乐画音乐》一课,能否将表现音乐情绪的点、线、面等元素与鸟的纹样结合?于是决定将《鸟的纹样》安排到《画音乐》一课的后面。

果然,学生在学会分别用不同的线条、点、色彩、形状来表达音乐后,再学习《鸟的纹样》一课,就有了更有趣味的表现角度:画一只有情绪的鸟。这个切入角度更多地体现了儿童视角,契合了儿童的生活经验,激发出学生的表现热情。画音乐时所用的锯齿形、波浪线、弧线、折线,轻重不同的点,热烈、舒缓的色块等元素,顺理成章地用来表现一只有情感的鸟,几乎每一个学生都很投入,也很自信。旧的知识获得了新的迁移和运用,也在新的情境中得到了进一步巩固和深化。

于是,骄傲的鸟、伤心的鸟、愤怒的鸟、开心的鸟……每一只鸟都不一样,情绪的起因也各不相同,一鸟一世界,一画一深情。借由鸟的描绘获得对内心深处情感的观照与表达,巧妙避免了为装饰而装饰的浅层绘画体验。

学期结束时,笔者设计的调查问卷,包含一个问题:"你最喜欢哪一节美术课",这节课的选票位居前列,成为最受学生欢迎的美术课之一。

2. 优化视觉符号的学习与运用

设计真实情境任务,为学生开放长期被封闭的美术实践空间。依托真实开放的实践空间进行项目化学习,帮助学生自主构建个性化艺术思维,保证学生的深度学习能够顺利进行。

笔者在执教六年级《偶戏》一课时,注重欣赏与实践的合理规划,关注学生对偶人如何活动的兴趣与需求。师生通过对多种材料的研究与试用,最终选择牛奶棉纸张做衣服、超轻黏土做偶人,虽然用透明胶带代替了缝线,但偶戏人物的制作步骤一个也不能少:从脸部五官、发型到衣服色彩款式,融合了比例、质感、对比、色彩等众多美术语言,再到偶人表演的起、坐、立、行,在反复尝试与相互学习中,每个学生都学会了布袋戏的制作与表演。看到自己做的偶人能动起来,学生们都兴奋不已。为了更好地展示学生的成果,笔者创设了"偶戏小剧场"的情境,用古色古香的建筑模板搭建了真实的小戏台,用红布做背景,作为学生偶戏表演的舞台。学生们或几人一组,或两人结伴,有的为偶人即时编故事,有的让偶人进行一段诗朗诵,还有的学生课前合作写出剧本,认真排练,表演得有模有样。

在情境认知理论框架下,偶戏创作本质上是具身化实践共同体的形成过程。学生通过选择服装材质(触觉感知)、协调配音节奏(听觉协同)、设计偶人动态(空间建模)、小组合作表演(身份重构)等情境化身体实践,逐步从边缘观察者转型为核心创作主体。这种浸润式学习突破了传统结构化问题的限制。当偶戏创作以真实情景中的动态呈现时,那些看似"非标准"的解决方案恰恰是学生适应性成长的关键契机。

3. 在各学科内容之间拓展联结

分析学生相应年级各学科教材内容的内在逻辑与知识结构,选择具有认知交集的部分建立学科之间的联结,拓展学生探究空间,合理利用多学科、多渠道设计项目化学习,打通学科知识壁垒,起到提升学生思维层级、培育学习素养的作用。

笔者执教六年级《美丽的园林》一课时,在备课中发现在六年级语文教材中,第一单元人文主题是"十里不同风,百里不同俗"。这不正是中外园林、中国南北方园林之所以不同的根本原因,也就是项目化学习所指向的"大概念"吗?而其语文要素是"分清内容的主次,体会作者是如何详写主要部分的"。将之翻译成美术语言,即"分析作品中,画家是如何构图,产生疏密对比的。"

从人文主题的跨学科关联思考出发,我在教学中设计了引导学生分析南北方园林、中外园林的风格为何不同,探讨与地理环境、政治经济、文化习俗有何关联,思考现代化进程对古典园林的兴衰有何影响,作为现代人的我们应如何看待古典园林,使学生通过探究思考,更深层次理解了"十里不同风,百里不同俗"这一跨学科关键概念。

在学生赏析、探究蔚为大观的园林之美、建园缘由后,再出示清代画作《圆明园四十景》,让学生感受其构图变化、疏密对比、线条质地、生动造型带来的视觉美,引导学生思考好文章与好的绘画、美的园林有什么共同的品质。因为学生有语文学习、园林赏析在前,这样的问题切入,自然引起他们的探究热情与共鸣,对如何欣赏画作以及创作有了更深入、更开放、更具个性的解读。

(二)过程维度:促进"提问—创意—实践"全感知养成

在美术教学实施过程中,知识技能类目标多年来一直是美术教学关注的重点。传统单一化、固态化、集中化的线性教学模式及媒材使用,容易养成学生被动的学习心态和不良的思维习惯,不利于培养学生善于提问、善于建立联系的心智品质。

1. 培养事前发现问题的能力

以"鸟"的单元为例。鸟的写生、水墨画鸟、鸟的纹样都是平面上的绘画,"我是一只小小鸟"则在学习过程中将鸟的制作立体化,小组表演戏剧化、表达能力综合化。搜集生活中能制作大型鸟的材料是本课的首要任务。在学生收集了大量材料的基础上,课堂导入阶段我设计了精卫填海的教学情境,让故事中扮演精卫鸟的同学与大家进行情感交流与互动,学生在与精卫鸟的互动中,提出了:"装扮选择了哪些材料?制作方法以及哪些部位进行了装饰?"等问题。

由学生相互观察互动,自己提出问题,能更好地激发他们的探究欲望;长此以往,也能潜移默化地培养学生发现问题、提出问题从而努力解决问题的能力。

2. 寻找创意解决问题的方案

在学生自主发现问题的基础上,笔者用视频和现场示范、师生互动等形式进行羽毛和鸟嘴等局部制作教学,进行深入探究,突破教学难点。

学生从制作到表演都要体现小组的集体观念:共同探讨材料如何组合与黏接,如双面胶、热熔胶、订书机的黏接效果和时间;选择适合的材料做鸟的羽毛和头饰;用什么样的工具进行粘贴;等等。这些事先都没有标准答案,需要学生在集体尝试中协作得出最优选择。

3. 开展高效处理问题的实践

确定好方案后,接着由各组分工合作,拟定小组需要装扮的鸟造型,分别制作鸟的各部件,编写剧本台词、分角色排练表演等。在实践中不断解决遇到的新问题。

在大家齐心协力的合作下,一组组鸟儿陆续装扮成功了。小组汇报表演的时刻到了,学生们都很兴奋和期待。讲台变舞台,骄傲的孔雀、乌鸦与狐狸、天鹅与丑小鸭、鹰的传说,每个小组轮番上阵,人人参与、个个登台。造型迥异的鸟儿们彰显着同学们的巧思,风格各异、生动有趣的表演赢得大家阵阵热烈掌声。

这样创造性使用多种媒材、颠覆美术作业形式、集戏剧小品表演与环保理念于一体的综合性课程,虽然比常规美术课花费更多的时间与精力,但学生的合作意识、团队凝聚力、动手操作能力、当众表达能力等解决真实问题的综合能力都得到了锻炼。

(三) 评价维度:完善"即时+现场+动态"多样化手段

经过精心设计的项目化学习,学生每一次完成的美术作业原创性很强,值得好好保存欣赏,但是现实生活中,很少有家长注意到这点,语数英学习的紧迫感使得家长无暇欣赏、珍藏孩子的美术学习成果。大多数学生的美术作业本会和其他练习本一样难逃被丢弃的命运。

怎样让学生互相交流欣赏彼此的美术作品,看到共鸣之处,会心一笑,看到惊艳独特之处,受到启发呢?

1. 完善过程性评价

在教学过程中,要善于发现学生的长处,成为学生美术学习的伯乐,做到课前复习画作适时展示、课堂佳作即时鼓励,加强师生之间、生生之间的评价互动,完善教学过程中的多元主体评价。笔者让所教班级学生在每一课美术作业纸右侧,留出三厘米宽的空白,供学生写自评、互评。

如六年级下册《三百六十行》一课,学生在完成画作后,有的在评价区用所学的美术语言评价自己和同学的优点;有的写自己在哪些方面取得了进步;还有的从主题出发对职业与人生发出近乎哲学的追问与思考。而每一个学生的自评或互评下方,笔者也会针对其内容写下评价与鼓励,这样的评价方式成为学生非常珍视的一项师生互动。

2. 营造校园现场氛围

每年的"六一"节,校园里都会举办优秀美术作业展。

将各年级学生平时的作业进行装裱后纳入艺术节书画展,深化五育融合背景下艺术素养提升行动,培养学生参与意识,强化创作实践能力,增强艺术展示的现场感。

"六一"作业展示,学生不仅让作品参与展示,自己也全程参与到布展中。从作业选择、装裱到展示形式,教师都与学生共同商定,然后分工合作,有的裁纸,有的贴双面胶,有的负责展示的网绳与展架,有的将作品往展架上张贴。

每年的"六一"展示也成为学校一道亮丽的风景线,成为学校师生共创共享的校园原生文化。

3. 推进数字化展评

充分运用数字化设备,构筑时空数据展厅,完善学生作品的展评与管理。

除了在班级 QQ 群、希沃软件建立学生美术作品相册,笔者还用美篇 App 制作学生作品集。如四年级的《奇怪的梦》一课,被学生的发自内心的表达感动,笔者将所教 7 个班级每位学生画的梦都用手机拍成照片,再按班级输入美篇,分别备注上每个学生的姓名,配上《大王叫我来巡山》的西游记背景音乐,将这个绘画主题以童话般的情境呈现出来。众多学生作品形成了一场线上作品展,很多家长看了自己孩子画的梦之后,才发现隐秘于孩子梦境的内心小世界,多了一个了解孩子内心的视角。

每个学期末,笔者都会请学生们每人选两张自己满意的作品,由笔者用美篇做成班级作品集,让每一个孩子的作品都能得到展示的机会,打造可以随身携带、随时欣赏的动态展厅。家长们在作品集下方的留言,也让作品集成为家校沟通、生生互动的桥梁。

小学美术学科项目化学习通过多元美育途径唤醒学生审美意识、引导其审美取向和满足成长需求。它不是简单的直线发展,也不是一张简单的二维拼图,更像是拥有很多个维度的超大立体拼图。聚焦内容、过程、评价,提升"重组—整合—开放"全拼图意识、促进"提问—创意—实践"全感知养成、完善"即时+现场+动态"多样化评价手段。对美术项目化学习进行尝试与探析过程中,还存在一些不足,有待进一步提升思维层级、优化驱动性问题设计,将学生的身心健康、学习品质、学习能力等基础素养有机融合,助力学生成长为心智自由的终身学习者。

参考文献:

[1]夏雪梅.项目化学习[M].北京:教育科学出版社,2018.

[2]中华人民共和国教育部.义务教育艺术课程标准[M].北京:北京师范大学出版社,2022.

后　记

　　动笔写此书,是要朝心中一个宏观壮阔的天地去的,这个天地洒满了十余年的心血与汗水,承载了无数的苦思冥想。我希望借助它重现一路的并肩同行、欢声笑语、疑难困惑。期待这本书是行动、是回答、是义无反顾的勇气,是孩子们天真双眸里的惊喜,是与孩子们共同踏入未知的探求,也是我虽历经数年世事多变,始终不改的初心和一份自得其乐。

　　凡有所学,皆成性格。

　　多年来,我努力将儿童的美术学习恢复到最单纯的目的——在玩中学习,在玩中陶冶性情,在玩中享受创造的乐趣。让孩子们在艺术天地"任性"地探索,按自己的意愿沉醉于每一次艺术创作——呵护孩子们的童心,守护他们的纯真和坦诚。

　　"向美而生",书名源于近期阅读《携死而生——当离去不可避免》一书的启发。近几年父母日趋年老,为了给他们提供更适合的照顾,在图书馆借阅老年护理书时,看到《携死而生——当离去不可避免》,书名吸引了我,书中的很多章节也让我深受启发。

　　客观地说,我们每个人都在"携死而生"。认识到生命短暂的本质,就会更容易甚至是必然地用一种珍惜的姿态来度过生命的每一天或每一年。

　　书名能否叫"携美而生"呢?马上被自己否定了,因为爱美与生俱来,但创造美却要靠后天习得。于是我将书名定为"向美而生"。向,是方向,是朝向。朝着美的方向,用心探索、不断生长。

　　独行快,众行远。

　　在向美而生的美育探索之路上,有始终关心艺术教育的领导,用理解与鼓励坚定我探索未知的信心;有并肩同行的美术组同事,以热情与才华伴我实现美术教育的一次次构想;有热爱艺术的学生,那求知的眼神和纯净的心灵成为我前行的不竭动力;还有众多校外文化场馆、艺术家以及志愿者活动基地,用社会力量诠释"教育一个孩子,需要一个村庄"的含义。在此,向他们一并表示深深的敬意和感谢!

王红燕
2024 年 11 月